문화공학

문화공학

L'ingénierie culturelle

클로드 몰라르
정장진 옮김

KOREA
UNIVERSITY
PRESS
고려대학교
출판문화원

L'ingénierie culturelle
by Claude Mollard

차례

서론

문화 엔지니어링, 정의와 기원

문화 예술계에는 여러 조직과 단체들이 참여하고 있으며 이들은 목표를 정하고 그 목표를 구현하는 사업을 시행하며 여기에는 필수적으로 예산과 함께 각 사업에 맞는 기술적, 예술적 능력들이 요구된다. 이 단체와 조직들은 흔히는 서로 파트너십을 맺고 있으며 생각과 달리 최적의 해결책을 찾지 못하고 시행착오를 겪곤 한다. 문화 엔지니어링, 즉 문화 공학은 이런 상호 파트너십을 형성하고 있는 문화 예술계의 단체와 조직들에게 사업의 질을 확보하고 적정한 비용 및 사업 기간을 투자할 수 있도록 최적의 해결책을 제공하기 위해 태어난 학문 분야로, 문화 예술과 경영, 정부 정책과 테크놀로지 등을 종합적으로 다루는 영역이다.

각자 고유한 특성을 갖고 있는 여러 사업들을 구현하기 위해서는 먼저 각 분야별 사업 분석과 시행 방법을 연구해야 하며 이 사업 분석과 시행 방법이 문화 엔지니어링의 주 영역이다. 또한 문화 엔지니어링은 상호 파트너 관계에 있는 단체와 조직들을 '인터랙티브'라는 원칙에 입각하여, 어느 조직과 단체가 주도권을 가져야 하는지를 향후 예상되는 여러 효과들을 상정하여 평가하는 구체적인 목적을 갖고 있다. 한 조직과 단체가 갖게 되는 주도권은 다른 조직과 단체들에게 영향을 미치면서 사업 전체를 풍요롭게 하기도 하고 잘못된 시행착오를 줄이도록 할 것이다. 문화 엔지니어링은 따라서, 문화예술의 창조적 원리와 규칙들에만 비중을 두는 기존의 입장에서 벗어나 사업 운영에 요구되는 경영적 원리와 규칙들에도 동등한 비중을 두게 된다.

프랑스의 문화 정책에 새로운 바람을 일으키고 생명력을 부여한 앙드레 말로라면 어쩌면 우리의 이런 문화 엔지니어링에 대해 반감을 표시할지도 모른다. 말로에게 돈 혹은 예산은 언제나 부차적인 것이었으며 실제로 그는 자신이 창설했음에도 불구하고 문화부에 충분한 예산을 제공하지 않았었다.

말로의 뒤를 이어 1971년에서 1973년까지 문화부 장관을 지낸 자크 뒤아멜은 숫자에 연연해하지 않은 첫 번째 문화부 장관이었으며 나아가 문화 제도들을 개혁해야 한다는 인식을 갖고 있던 인물이었다. 비교적 짧은 기간이었지만 2년 남짓한 시간 동안 그는 문화부와 문화 행정은 물론이고 무엇보다 문화 정책과 관련된 구체적인 시행과 방법론들 전체에 큰 족적을 남겼다. 그 결과 전체적인 컨텍스트가 변화를 맞게 되었다. 조르주 퐁피두 대통령은 나이브하고 감상적인 드골 정부에 이어 국가 수반에 올랐다. 그가 시행한 FIC(fonds d'intervention culturelle), 즉 문화 지원 기금과 이 정책의 결과물인 조르주 퐁피두센터 건립을 통해 오늘날 문화 엔지니어링으로 부르는 새로운 영역의 기초를 닦았고 하나의 철학을 만들었다.

FIC는 제6차 개발계획의 문화 사업위원회가 내놓은 제안을 통해 빛을 보게 되었다. 당시 나는 시인이기도 한 피에르 에마뉘엘이 위원장을 맡고 있었던 이 위원회의 예산부서 담당자로 참여하면서 전체적인 정책 방향에 대한 보고서를 작성 제출했다. 이 보고서는, 아마도 프랑스의 문화 정책 보고서에 있어 최초로, '문화'와 '경영'이라는 이질적인 두 단어로 이루어진 '문화 경영management culturel'이라는 복합 명사를 사용했으며, 이를 통해 향후 실질적으로 FIC를 이끌어갈 사무총장이 두 영역을 함께 고려하기를 원했다. 당시 나는 서로 이질적인 정도가 아니라 대척적인 것으로 간주되던 경영학과 문화 예술을 하나로 묶어 단일 개념으로 받아들이는 것이 논리적인 접근이라는 확신을 갖고 있었다. 그리고 이 관점은 오늘날 정확한 것으로 확인이 되었다.

메 수아상트위트(Mai 68)로 불리는 68년 5월 학생 혁명 이후 일련의 혼란과 개혁들이 이어지는 와중에서 FIC와 퐁피두센터는 새로운 시대를 특징짓는 두 가지 가장 중요하고 의미있는 제도적 개혁이었고, 나아가 새롭고 독창적이며 문화 예술에 자율권을 부여한 대담한 실험의 성격도 띠고 있었다. 퐁피두센터는 사회적으로, 문화적으로 하나의 실험실이었던 것이다. FIC와 퐁피두센터는 수많은 독창적인 문화 사업을 펼쳐 나갔으며, 퐁피두센터가 펼치는 모든 문화 사업은 한마디로 정의할 수 없는 복합적 성격과 의미를 지니고 있었다. 의사 결정은 상향식transverse이었고, 영역에 있어서는 학제 간interdisciplinaire이었다. 참여가 주된 분위기였고 투명하게 진행되었다. 혁신, 지역의 참여, 탈중앙, 협력, 혁신적 테크놀로지 유입, 민주화, 사회 교육적 프로그램, 감성적 접근, 다양한 장치들의 통합……. 이 모든 것이 이루어지거나 암묵적인 목표로 제시되었던 것이다. 이전에는 꿈도 꿀 수 없었던 일이었다. 예전에는 각 분야별로 나누어진 채로, 예를 들어 문화재 따로, 문화 제도 따로였다. 거의 모든 문화 영역들이 칸막이가 쳐진 상태로 따로 집행되고 있었다. FIC와 퐁피두센터 설립은 이런 이전 세대와의 단절을 의미하는 일대 사건이었다.

얼마 후 1981년이 되자,[1] 자크 랑Jack Lang이 문화부 장관에 취임해 발루아 가(街)에 들어오자 문화 정책은 한층 더 강력하고 다양한 지원을 받게 된다. "망데스주의Mendésisme"가 문화계에도 도입되기 시작한 것이다. 이제 앞서 시작된 문화 혁신에 이어 새로운 영역이 열리기 시작한 것이다.[2]

---

1 조르주 퐁피두센터는 1977년 개관한다.(옮긴이)

I. FIC(Fonds d'intervention culturelle, 문화 지원 기금)

FIC라는 이름의 문화 정책기금은, 부분적으로 민간 자본의 유입을 허용하기도 했지만, 본질적으로 공공투자재원을 의미한다. 원칙은 의외로 간단하다. 즉, 조성된 기금은 문화부 이외의 다른 부처들과 지방 단체들 혹은 민간 기업들의 협력 투자 없이는 사용될 수 없다는 것이었다. 문화를 문화부만의 일로 간주하지 않은 것이며, 수도인 파리만의 일도 또 정부만의 일도 아니라는 새로운 개념과 정책 철학이 도입된 것이다. FIC의 일년 예산인 1,500만 프랑은 이렇게 해서 그 네 배에 달하는 6천만 프랑으로 늘어났다. 15년간 실행된 FIC를 결산해 보면, 총 예산은 10억 프랑에 달하지만, 문화부가 부담한 예산은 전체 예산의 5분의 1에서 4분의 1에 해당하는 대략 2억에서 2억 5천만 프

2 망데스주의(망데시시슴, Mendésisme)는, 1946년 시작하여 1958년 제5공화국이 들어설 때까지 12년간 지속된 제4공화국 당시 프랑스 국무회의장과 외교부 장관을 지낸 정치가 피에르 망데스 프랑스(Pierre Mendès France, 1907-1982)의 결단력있고 과감한 정치적 태도와 정책을 지칭한다. 사회주의자로 레지스탕스 운동에 참여하기도 한 망데스 프랑스는 모로코, 튀니지, 인도차이나 등 프랑스의 해외 식민지 문제들을 평화적으로 해결하였으나 알제리 문제 해결에 대한 이견으로 1954년 6월부터 이듬해 2월까지 8개월 간 맡았던 짧은 국무회의장직을 사임하고 만다. 프랑스 국민들과 정치사에서는 신념에 따라 행동한 사회주의 정치가로 강한 인상을 남긴 인물이다.(옮긴이)

량에 지나지 않는다.

FIC는 또한 아주 작은 조직이었다. 근무하는 총 인원이 15명을 넘은 적이 없었다. 문화부 장관 직속 기관이었지만 타부처들과의 업무 조율이 주 임무였다. 이런 면에서 FIC는 오늘날 지자체들에서 문화 정책을 펼 때 하나의 원칙으로 받아들이고 있는 이른바 "교차 투자" 시스템을 체계적으로 실행에 옮긴 첫 행정 조직이었다.

FIC는 고전적인 행정 조직과는 완전히 다른 방식으로 일을 했다. FIC는 문화 공학 개념에 입각하여 경영학의 관점에서 문화를 다루었다. 행정이라는 개념이 뒤로 밀리고 대신 국가 전체의 여러 조직과 단체들이 제안한 프로젝트들이 전면에 나선 것이다.

퐁피두센터는 동시에 다른 분야에서도 큰일을 해냈다. 다름 아니라, 청소년들에게 미술, 문학, 연극, 언론, 음악, 디자인 등에 관심을 갖도록 하기 전에 먼저 그들의 예술적 문화적 감성을 일깨울 수 있는 기회와 자료 및 장치들을 제공한 것이 그것이다. 이는 거대한 실험이었으며 당시로서는 획기적인 일이었다. 자연히 이런 실험은 아이들만이 아니라 일반인 모두에게 예술과 문화를 삶의 중요한 요소로 수용하고 향유하게 만드는 실험으로 이어졌다. 그 결과는 대성공이었다. 시청각 자료와 시설들의 실험이 이루어졌고 각종 행사를 주최할 수 있는 인프라를 제공함으로써 그런 시설들을 갖추어야 할 필요성과 함께 첨단 테크놀로지에 대한 이해 역시 필요하다는 점을 깨닫게 했으며, 여가와 공동체의 중요성도 알게 했다. 이런 예술 향유와 감성 함양 그리고 시설과 테크놀로지의 중요성에 대한 인식과 무엇보다 공동체의 의미를 알게 한 것은 이전의 하향식 행정 편의의 문화 정책 시행에서는 일어날 수 없는 일들이었다. 15명의 인원이 일하는 FIC는 실험을 허용했고 혁신을 주도했으며 탈중앙을 선언한 것이다. 이 세 가지 요소는 그대로 문화 공학의 세 가지 중요 특징이기도 하다.

작업 방식도 새로워질 수밖에 없었다. 그럴 수밖에 없었던 것이 FIC에서 일하기 위해 새로 충원한 인원들은 기존 문화부 직원들이 아니라 전혀 다른 원칙하에서 다시 뽑은 사람들이었다. 이들은 모두 칸막이 없이 상호 소통을 중시하는 마음을 가진 이들로 기존 공무원들과 완전히 달랐으며 새로운 문화를 일으킬 수 있는 인물들이었다. 일부는 역사학자였고 사회학자도 있었고 경제학자도 포함되어 있었다. 이들이 서로 자극을 주고받으며 공유하고 그러면서 도출해 내는 아이디어와 사업계획들은 언제나 여러 영역에 걸쳐 중첩되는 학제 간의 성격을 띠고 있었고 그들의 다양한 경력과 능력은 그들로 하여금 기존 공무원들의 행정 위주의 작업 방식과 업무 영역을 훌쩍 뛰어넘도록 했다.

하지만 이런 모든 장점에도 불구하고 FIC가 남긴 가장 큰 업적은 FIC가 하나의 모범적인 사례로 남아 수많은 모방을 가능하게 했다는 것이다. 예를 들면 한도 없겠지만, FRAC(Fonds régionaux d'art contemporain, 현대미술 지역 기금), FRAM(Fonds régionaux d'achats des musées, 박물관 작품 구입 지역 기금) 등이 가장 대표적인 사례들이다. 1981년 필자가 설립한 바 있는 FIACRE(Fonds d'incitation à la creation, 창작 촉진 기금)도 FIC의 모방작 중 하나로 들 수 있다. 이 기금들은 기금을 한 대상에 고정시켜 지원, 투자하는 기존 기금 운용의 경직성을 탈피했다는 장점을 갖고 있다. 이 기금들은 반대 방향으로 일한다. 즉, 기금을 투입할 대상은 사전에 정해지는 것이 아니라 통지되고 회람되면서 응모 방식으로 심사를 거쳐 정해지곤 한다. 자연히 기금은 문화 영역에 필수적인 운용상의 유연성을 확보하게 된다. FIC는 문화부 내에 문화 개발을 전담하는 부서를 만들게 하기도 했다. 이 부서는 문화부의 하향식 지침들을 벗어날 수 있었으며 가능한 한 그런 방향으로 일하는 것이 부서의 존재 이유이기도 하다. 1979년에 창설된 Mission du développement culturel(문화 개발 사업단), DDC(Direction du développement culturel, 문화 개발과, 도미니크 발롱이 책임자) 등이 이런 부서들이다. 1987년에 프랑수아 레오타르에 의해 폐지된 이 과는 다음 해인 1988년, DDF(Délégation au développement et aux formations, 개발 교육 심의회) 형식으로 재탄생한다. 하지만 안타깝게도, FIC는 1985년 새로운 문화부 장관인 자크 랑에 의해 폐지된다. 2011년 현재, FIC는 문화 정책 조정혁신위원회와 국토관리위원회로 이분화되어 운영되고 있고 양자 공히 문화부 직속의 사무총장이 관할하고 있다.

II. 조르주 퐁피두센터(Centre Georges Pompidou)

대형 문화 예술 프로젝트의 선구자인 퐁피두센터는 사실은 뒤아멜 장관 당시에 입안되었던 것인데, 이후 문화 엔지니어링의 근거를 마련한 획기적인 사건이다. 동시에 68년 5월 학생 혁명에 대한 정부의 답이기도 했다. 조르주 퐁피두는 그의 〈고르디오스 매듭Noeud gordien〉에서, 68년 이전의 하향식 위계질서에 물든 칸막이 문화와 단절하고 싶다는 의견을 피력한 바 있다. 퐁피두센터는 문화부와 교육부 소관의 제도 및 기관들 모두에 관련된 프로젝트로 말 그대로 부처간 사업이었으며 따라서 칸막이를 허무는 사업이자 나아가 단순히 칸막이를 허무는 것이 아니라 업무가 혼융되는 사업이었으며 요컨대, 현대에 걸맞는 사업이었다. 바로 이런 이유로 해서 퐁피두센터에는 현대 미술만이 아니라 디자인, 도시계획, 공공도서관, 연극, 음악 등이 함께 전시, 실행되는 종합 문화센터가 된 것이다. 퐁피두센터는 현대 도시에 미술을 돌려주려고 했고 여러 다양한 문화적 이벤트들이 서로 섞이는 것을 장려했다. 조르주 퐁피두는 여기서 한 발 더 나아가, 자신의 이름을 딴 센터가 포럼이나 공연과 같은 행사들을 지원하고 함께

치를 수 있는 공간이 되기를 원했다. 물론 퐁피두센터도 처음부터 완벽하지는 못했다. 내부에 이전처럼 칸막이가 존재하기도 했고 때론 이 칸막이가 철옹성 같기도 했다. 하지만, "파리와 뉴욕", "비엔나" 등을 비롯한 수많은 행사들이 조직되고 시행되면서 센터 내의 여러 부서들이 협력을 했다는 사실마저 부인해서는 안 될 것이다. 1990년대 들어, CCI(Centre de création industrielle, 산업창조센터)는 박물관에 통합되었다. 그 결과 그렇지 않아도, 퐁피두센터의 처음의 건립 의도를 벗어나 갈수록 센터 전체가 박물관 혹은 미술관으로 단순화되고 있다는 비판을 받아오던 터에 센터 내에서 디자인의 자리를 확고히 하는 결과를 가져왔다.

보부르 가에 자리잡은 퐁피두센터가 남긴 긍정적인 결과 혹은 효과는 한두 가지가 아니다.[3] 장기적으로 보면, 퐁

3 퐁피두센터가 있는 보부르Beaubourg 가는 원래 레알Les Halles 이라는 이름의 청과물, 육류 시장과 사창가가 있던 곳이다. 에밀 졸라의 소설 등에 자주 무대로 등장하던 곳이었다. 퐁피두센터가 세워지고 지하에 8개의 지하철 노선들이 들어서면서 시장은 시외로 이전했고, 주변 지하는 거대한 지하상가로 변신했다. 현재 레알 역은 세계에서 가장 규모가 큰 지하철 역으로 기록되어있다. 하지만 지상의 생튀스타슈, 생트마리 등 고딕 성당과 카타콩베였던 레지노상 분수는 그대로 남아있다. 퐁피두센터와 레알 재정비 사업은 가장 성공한 도심 재개발

피두센터는 다른 유사한 대규모 프로젝트의 전범 역할을 했다. 예를 들어, 님Nîmes 시에 세워진 카레 다르Carré d'Art는 퐁피두센터를 거의 그대로 모방한 프로젝트다. 역사적인 도심 중앙에 세워진 위치부터 그렇고 혁신적인 건축은 물론이고 도서관과 현대미술관을 동시에 수용한 점 그리고 시민들에게 무료로 개방하는 공공 서비스 측면에서도 그렇고 건물이 투명한 유리로 지어진 것도 그렇다.[4]

뿐만 아니라 프랑스 전역에 우후죽순처럼 세워진 미디어테크들, 즉 전 세계 신문, 잡지, TV, 인터넷 등을 열람, 검색할 수 있는 특수 언론, 정보 도서관 개념과 특수 시설들도 모두 퐁피두센터의 BPI(Bibliothèque publiccque d'information, 정보 공공 도서관)에서 시작되었다. 일반 대중들에게 공개되어 있는 이 정보 도서관은 말 그대로 문화의 민주화를

사례로 꼽힌다.(옮긴이)

4 퐁피두센터나 님의 카레 다르는 본문에서 말한 것과는 달리 현재는 부분적으로 유료다. 퐁피두센터 4, 5층에 자리잡고 있는 세계 최고의 현대미술관(MNAM, musée national d'Art moderne)은 2만 원 가까운 상당히 비싼 입장료를 내야 한다. 그 외의 시설들, 특히 개가식 도서관과 신문 열람실 등은 무료다. 퐁피두센터를 노숙자들이 가장 많이 찾는 이유도 여기에 있다. 남프랑스의 님 시에 있는 카레 다르Carré d'Art(예술 사각형이라는 뜻의 예술 센터)는 1993년 문을 연 시립도서관 겸 현대미술관으로 유명한 영국 건축가 노먼 포스터Norman Foster가 설계한 유리 건물이다. 필자는 뒤에 가서도 이곳을 자주 언급한다.(옮긴이)

보여주는 탁월한 사례다.

III. 자크 랑 시대

자크 랑 문화부 장관 시절, 10년 동안에 이루어진 문화 예술 정책들을 이 책에서 간단하게 언급할 수는 없다. 하지만 효과가 컸던 문화 엔지니어링에 관련된 그의 주요 정책들 몇 가지 정도는 언급이 가능할 것이다.

A) 투자 효과 1980년에 4억 5백만 유로에 지나지 않았던 문화 예술 예산은 1982년에는 거의 두 배인 9억 1,400만 유로가 되었고 10년 후인 1993년에는 무려 21억 7백만 유로에 달했다. 이 액수는 영화에 할당된 돈을 빼고도 2008년에 오면 29억 2,800만 유로가 되며, 2011년에는 (시청각 분야의 지원금, 825만 유로를 포함해) 39억 7,200만 유로가 된다. 문화 예술 예산은 이렇게 현 유로로 계산할 경우는 처음보다 엄청나게 증가한 것이지만, (자크 랑 장관 재임시인 1981-1993, 환율로 고정해서 계산해도) 거의 두 배 반 이상 늘어난 것이다. 하지만 자크 랑 이후, 1993년에서 2011년까지는, 두 해를 비교하면 89% 성장에 그친다.

이렇게 늘어난 문화 예술 예산은 공적 자금을 운용하는 방식에도 변화를 몰고 왔다. 필요한 예산을 예측하고 조절하는 방법이 개발되었으며 사업 목적을 이전보다 분명하게 결정할 필요가 생겼다. 또 경영과 엔지니어링에 입각한 최적의 결과 산출 방법도 도입해야만 했다. 특히 결과 평가 분야에서 두 영역의 방법들을 활용해야만 했다.

"경제와 문화, 둘 다 똑같은 전쟁입니다!" 자크 랑이 1981년에 의회에서 연설을 하며 한 말이다. 이 말은 무엇을 의미하는가? 문화 경제, 문화 산업을 신인한 것이며, 비영리 법인과 단체 및 지자체들에게 참여를 요구하는 선언이기도 했다. 문화 예술 예산이 두 배로 증가하는 사이 탈중앙화된 지자체들의 노력은 세 배로 늘어났다. 같은 기간, 문화 산업체들은 재평가 기간을 거쳐야만 했다. 공적 자금이 영화, 기념물 보수, 기타 예술 작업 등을 담당하는 민간 기업에게도 흘러가야만 했기 때문이다.

B) 유인 효과 파리에서 일어난 대규모 프로젝트를 보면 FIC의 유인 효과를 쉽게 파악할 수 있다. 오르세 박물관이 문을 열었고, 라빌레트도 문을 열었다. 대 루브르, 바스티

유 오페라, 아랍 연구소, 라데팡스 대아치, 음악 시테Cité de la Musique 등의 대규모 프로젝트들이 시행되었다. 동시에 지방에서도 유사한 현상들이 일어났다. 앙굴렘의 국립만화연구소, 님의 공공도서관 및 현대미술관인 카레 다르, 리옹의 국립 음악 컨서바토리, 그르노블의 현대미술관, 생테티엔의 현대미술관, 마르세유의 국립 무용 컨서바토리 등이 대표적인 사례들이다.

이런 대규모 투자들은 지방에도 바람을 불러일으켜서 자크 뒤아멜 시대의 개발 계획에는 움직임을 보이지 않던 지방에서도 경쟁적으로, 서로 자극을 주고받으며 대규모 프로젝트를 시행하기 시작했으며 이는 문화 영역을 기업가 영역으로 만들어 놓기도 했다.

C) 탈중앙화 효과 문화 예술 기관과 시설들이 여전히 파리에 집중되어 있음에도 불구하고, 문화 예술 분야의 탈중앙화는 이 기간 지역 개발을 위한 여러 규약들이 체결되면서 가속화되어 갔다. 지방도시들과 중앙정부는 협약을 맺었고 문화 사업 지방 개발청(DRAC, Directios regionals des affaires culturelles)이 설치되어 일을 시작하면서부터 문화부 주

도의 문화 행정이 중앙정부의 손을 떠난 것이다. 그 결과 프랑스 전역에 걸쳐 문화시설들이 들어섰을 뿐만 아니라 문화 예술 사업이나 프로그램을 운영하고 싶은 도시들과 지방들이 적극 나서서 방법들을 동원하기 시작했다. 이때부터 역설적이게도 돈은 능력을 갖춘 도시나 지방으로 몰려 들어서 지역 간 문화적 차이는 여전히 해소되지 않은 상태를 보이기도 했다.

사업이나 프로그램의 주도권을 이전에는 문화부가 홀로 가졌지만 이 주도권이 다양한 주체들에게 돌아가면서 각 지역에서는 새로운 문화 예술 프로그램들이 속속 생겨났다. 1981년만 해도 지역에는 단 다섯 곳의 현대미술관밖에 없었지만 12년 후 이 숫자는 20여 개로 늘어났으며 지역 현대 예술 기금인 FRAC도 22개로 늘어났다. 예술 센터도 그 비슷한 숫자로 증가했다. 연극, 음악, 문화재 분야에서도 비슷한 현상들이 일어났다.

D) 미디어 효과 자크 랑의 방법은 지역 배분보다는 확실히 동기 부여된 파트너들을 골라 계약을 하는 것이었다. 이를 다른 말로 하면, 자크 랑 시대의 프랑스 문화 지도는

필요성보다는 문화 예술에 대한 강력한 의지가 있느냐 여부에 따라 작성되었다고 할 수 있다. 자연히 문화적 이니셔티브, 대중 소통 그리고 축제와 같은 이벤트에 상대적으로 많은 관심이 쏠렸고 투자가 이루어졌다. 그 자신 언론인 출신인 자크 랑은 많은 지방 의회 사람들을 설득할 수 있었고 이렇게 그의 설득을 받은 이들은 한 시나 지방의 전체적인 문화 발전의 중요한 요소로 문화 마케팅을 활용하게 된다. 카르티에Cartier 사가 한 예가 되겠지만, 이제 기업들이 메세나 활동, 즉 문화 예술 후원활동에 참여하게 된 것이다.

자크 랑의 문화부 장관 재임 시절 동안, 거대한 공사판들을 쉽게 볼 수 있었고, 많은 혁신적인 정책도 자주 눈에 띄었다. 또 대중을 상대로 한 교육이나 인재 양성보다는 오히려 창조 그 자체에 우위가 두어지기도 했다. 이는 곧 그의 문화 정책이 문화 수요 측면보다는 공급에 주안점이 두어졌다는 것을 의미한다. 간단히 말해, 자크 랑은 국가가 소유한 여러 방법들을 통해 주도권을 쥔 채, 국가 차원이든, 지방 차원이든 혹은 개인 차원이든 협회 차원이든 어디든 찾아가 문화 예술이 자라도록 물을 뿌려주고 그 물이 잘 흐르도록 수로를 정비해 준 것이다.

나는 1986년, 프랑스의 문화 행정이 완전히 제 자리를 찾아가자, 문화부를 나와 문화 엔지니어링에 대해 연구를 하기 시작했다. FIC도 더욱 발전하여 제자리를 찾아가고 있었고 퐁피두센터만이 아니라 그에 못지않은 프로젝트들이 파리는 물론이고 지방 곳곳에서 시행되고 있었으며 새로운 장관이 등장해 수요보다는 공급에, 문화 예술 교육보다는 문화 예술 창조에 그리고 문화 산업에 관심을 기울이고 있었다. 나는 이런 상황에서 이 모든 과정을 문화 엔지니어링으로 볼 수 있는 확신을 가질 수 있었다. 좀 더 정확하게 문화 엔지니어링에 대한 개념을 연구하고 정립해야만 했고 ABCD 에이전시[5]를 세워 문화 엔지니어링을 실천에 옮겨보고 싶었다.

5 ABCD는 예술Arts, 예산Budget, 홍보Communication, 개발Développement을 지칭한다. 180쪽을 볼 것.(옮긴이)

1부

문화 공학의 구조

1장

문화 시스템

철학자 폴 리쾨르는 다양한 "제도들로 짜여진 망으로 간주할 수 있는 사회는 무엇보다 자산을 분배하는 거대한 시스템으로 존재한다"고 말한 적이 있다. 리쾨르가 자산이라고 했을 때 이 말은 사고 팔 수 있는 자산만이 아니라 사고 팔 수 없는 비물질적인 자산도 지칭한다.

I. 문화 시스템의 주동자들과 작동 원리

문화 시스템의 핵심에는 예술가가 자리잡고 있다. 예술가로부터 생각과 작품이 나오며 예술 이벤트와 유행도 그를 거쳐야만 가능하다. 예술가는 부를 창출하며 때론 불행의 근원이 되기도 한다. 권력에 아부하기도 하고 혹은 권력을 가차없이 비판하기도 한다. 예술가의 삶과 생각을 읽어내고 감상할 수 있는 예술적 표현들, 가령 출간된 책이나 전시회 등을 통해 그가 얼마나 창조적인지를 따짐으로써 우리는 얼마든지 예술가를 평가할 수 있다. 그러나 창조하는 예술가들의 세계는 언제나 겉으로 드러나지 않는 숨겨진 측면이 있는데 이 숨겨진 측면은 그 자체로 우리를 잡아 끄는 하나의 수수께끼 같은 신비이다. 예술은 사회에서 어떤 역할을 하는가? 사회 시스템을 구성하는 다른 영역들에 대해 예술은 어떤 영향을 끼치는가? 문화라는 말은 이젠 그 뜻이 넓어져서 끼지 않는 데가 없기는 하지만, 예술은 어떻게 문화라고 부르는 현상을 태어나게 하는지 묻지 않을 수 없다. 간단히 말해, 예술가, 작가, 시인들이 갖고 있는 그 야릇한 힘은 대체 무엇인가? 이 힘의 실체는 무엇이며, 그 힘은 어떻게 사람들 사이로 퍼져 나가는가?

1. 네 작동 주체들의 상호 작용 —예술가는 다양한 힘들을 소유하고 있으며, 예술가가 만들어 내는 이 힘들은 상징적

인 성격의 힘들일 뿐만 아니라 동시에 정치적이고 경제적이며 사회적인 힘이기도 하다. 이 다양한 성격의 힘들은 예술가에게서 태어나서 예술가와 함께 작동한다. 이 힘들의 작동이 바로 문화적 시스템의 기반이 된다. 대중과 결정권자 그리고 미디어들이 예술가의 주요 파트너들이다. 예술가는 그래서 흔히는 하나의 시스템으로서의 문화를 자신과 무관한 외부에 있는 것으로 안다. 예술가는 문화를 모험으로 가득 찬 영역으로 간주하곤 한다. 예술가는 규칙을 만들고 동시에 그 규칙을 따르며 감내해 내야 한다. 규칙은 연약해서 언제든지 깨질 수 있고 유동적이며 시스템에 개입한 누군가가 속임수를 쓰는 즉시 의미를 잃어버리지만 여하튼 규칙이 작동할 때만 문화 예술이 작동한다.

프랑스의 문화 시스템에서는 국가가 각별한 위치를 차지하고 있긴 하지만 많은 이들이 말하는 것처럼 그렇게 엄청난 자리는 아니다. 예를 들어, 국가의 문화 예산은 부처들의 전체 예산에서 1% 남짓에 지나지 않는다. 하지만 프랑스에서 국가는 오랜 문화적 전통을 간직하고 있는데 다름 아니라 프랑스에서는 예술가들이 국가가 모든 것을 다

해주기를 기대하는 것이다. 예술가들은 국가를 거의 매번 실제보다 더 강력하게 만들어 놓곤 하다. 실제로 국가는 상당수의 작동 규칙들을 만들기도 하고 스스로 주동자가 되어 미디어나 결정권자에게 영향을 미치며 이 규칙을 작동시키기도 한다. 따라서 이런 경우 국가는 심판자이자 동시에 시스템이라는 판에 참여한 주동자이기도 하다.

예술가들 **창조가들** (클로버) 에너지 정신 불	**미디어들** (스페이드) 공간 꿈 공기
결정권자들 **제작자들** (다이아몬드) 질료 노동 흙	**대중들** (하트) 시간 사랑 물

그림1. 문화 시스템의 네 작동 주체들

이렇게 네 작동 주체들 사이에서 일어나는 힘들의 움직임은 네 작동 주체들의 경계선들 사이에서 일어나는 움직임이기도 하다. 역사적으로 익히 보아왔듯이, 경계선들이 유지될 수도 있고 위반될 수도 있는데 어떤 경우든 각 작동 주체가 힘을 행사하기 위하여 전략을 짜내기 시작하는 시점이 바로 이때다. 문화 시스템에서 경계들은 예술적이자 사회적이고, 정치적이자 경제적이기도 하다. 한 나라의 문화적 통일성은 이 네 작동 주체들 사이의 경계를 끊임없이 매만지며 낮추려는 노력의 산물이다. 이 경계선들은 속성 상, 너무 일찍 사라지거나 낮춰지면 다른 곳으로 이동하거나 새로운 성격을 띠고 나타나기도 한다. 경계선은 각 참가자들의 한계를 뜻하지만 동시에 지배하기 위하여 분열시키고, 사로잡기 위하여 유혹하며 화해하기 위하여 돈을 통한 전략이 힘을 발휘하는 조건이 되기도 한다.

네 작동 주체들은 아주 오래된 존재들이면서 동시에 상징성을 띤 존재들이기도 하다. 우선 작동 주체들이 넷이라는 점에 주목해 보자. 4라는 숫자는 카드 게임의 네 가지 색을 떠올리게 하며 동시에 고대 서구 세계가 세상의 구성 물질로 간주해온 네 가지 원소들, 즉 불, 흙, 물, 공기를 연상시키기도 한다. 고대가 아니라 현대라면 4원소 대신 에너지, 질료, 시간, 공간을 연상할 수도 있을 것이다. 여하튼 이런 관점에 서서 해석을 해보면, 에너지와 불은 예술가들을 상징하고 질료와 흙은 결정권자와 제작자를, 시간과 물은 대중들을, 그리고 공간과 공기는 미디어들을 상징한다고 볼 수 있다.

이런 유추와 해석을 조금 더 밀고 나가보자. 카드의 색들이 짝을 맞추어야만 하듯이, 네 작동 주체들도 두 축을 중심으로 짝을 이룬다. (불과 물인) 예술가들과 대중들은 함께 움직이며, 결정권자와 제작자들(흙)과 미디어들(공기)은 예술가들과 대중들이란 존재를 먹고 산다.

2. 예술 시스템과 문화 시스템 —이상적인 국가라면 창조하는 예술가들과 대중들 사이에 돈독한 관계가 형성될 수 있다. 어쨌든 이 두 주체는 떼어놓을 수 없는 존재들이다. 그러나 물과 불의 관계가 그렇듯이, 예술가와 대중은 서로 대립한다. 그래서 둘의 어울림이 격정적인 것이다. 그러나 대중이라는 물은 창조라는 불이 있을 때만 존재 이유를 갖게 된다. 이것은 예술 창조의 약점이자 동시에 위대한 모순이기도 하다! 대중이 없다면 창조도, 예술도 없는 것이다. 그 역도 마찬가지여서 창조하는 자들의 창조 작업이 없다면 대중들도 문화적 활동을 처음부터 시작할 수도

없다. 대중은 창조하는 예술가를 비추는 거울이나 잔잔한 수면인 것이다. 예술가와 대중 사이에는 사랑과 증오가 공존한다. 배우는 관객을 열정적으로 사랑하며 그 사랑을 표현한다. 마찬가지로 대중들도 예술가들을 사랑하며 그 사랑을 여러 방법으로 증거한다. 하지만 대중은 예술가들을 증오하기도 한다. 이상적인 예술 공화국, 문학 공화국이 있다면 그런 나라에서 문화 시스템은 창조하는 예술가와 대중 사이의 유일하고도 돈독하며 나아가 늘 열정적인 관계로만 구성될 수도 있다. 고대 아테네가 그런 공화국이었다.

우리가 살아가는 공화국들은 이루 헤아릴 수 없을 정도로 많은데, 모든 공화국들을 보면 창조하는 예술가들이 어마어마하게 늘어나 있다. 뿐만 아니라, 모든 시민들은 민주적 제도를 통한 문화 교육 덕택에 언제든지 반응을 보일 수 있는 잠재적 대중이 되어 있다. 우선 예술가와 대중 모두 그 수가 엄청나게 늘어났다는 사실에 주목해보자. 이 변화는 두 그룹의 만남의 성격을 완전히 바꾸어 놓는다. 돈의 논리가 개입하는 것인데, 수가 늘어나면 결정권자이기도 한 제작자들과 미디어들이 손에 손을 잡고 환호성을 지르는 것이다! 창조하는 예술가들과 대중들이 정서적으로 연결되던 처음의 축은 시장이라는 새로운 축으로 대체되며 나아가 문화 공급과 문화적 수요의 법칙이 지배하는 자본의 축으로 발전하게 된다.

결정권자들과 미디어들로 이루어진 이 수직축은 창조가들과 대중들로 이루어진 수평축과 교차하면서 적극적으로 개입을 한다. 이 개입은 정치적, 경제적 성격을 띠며 동시에 지적이기도 하며 때론 언론 조작을 통해 이루어지기도 한다.

대학인들, 비평가들, 기자들이 미디어 그룹을 형성한다. 대중들이 늘어나면 늘어날수록 미디어 그룹은 독립된 그룹으로 힘을 갖게 되며, 이 힘을 이용해 예술가와 작가들에 대하여 심판을 내린다. 감식안을 갖고 있다는 특권을 누리며 "건전한 취향" 등의 미학적 규범을 세우기도 하며 몽매한 대중들을 위해 창조가들의 사상을 쉽게 해석해서 들려주는 역할도 대학인들, 비평가들, 기자들로 구성된 이 미디어 그룹의 몫이다.

수직축의 한 끝에 자리잡고 있고 카드 게임의 다이아몬드로 표시되기도 했던 결정권자들은 노동, 흙, 질료와 동

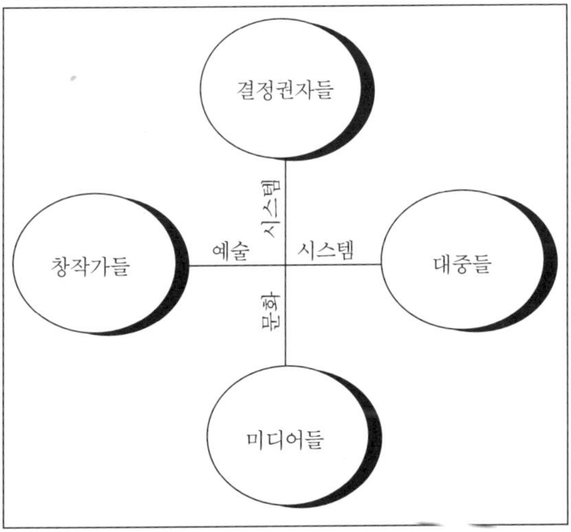

창작가들 : 예술가, 작가, 시인, 연주자, 배우……
대중들 : 전문가들, 애호가들, 불특정 일반 관객들, 사용자들, 정기권 구입자, 문화산업 소비자들
결정권자들 : 공공기관들, 금융기관들(은행, 기업) 문화 단체들, 제작자들
미디어들 : 비평가들, 기자들, 지식인들

그림2. 4대 작동 주체들

일시되기도 했는데, 이들은 조직하고 결정하며 실행하는 능력과 힘을 갖고 있는 이들이다. 다시 말해 이들은 정치적 권력과 금융을 통한 지배력을 갖고 있는 것이다. 국가도 결정권자이며 지자체들과 금융기관들, 문화를 통해 수익을 내는 기업들도 이 결정권자들에 속한다. 20세기에

들어서자마자 창조 행위는 더 이상 개인적 활동이 아니라 집단적 활동이 되어 갔다. 자연히 창조 행위는 갈수록 돈과 관련을 맺었으며 정치권력도 개입을 하게 되었다. 창조 행위는 이제 사회적인 것이 되었고 개인적 차원을 벗어나 집단적인 것으로 변화한 것이다. 따라서 창조 행위를 하면서 창조가가 개인적으로 덧붙이는 가치는 갈수록 줄어드는 경향을 보이고 말았다.

창조가와 대중으로 이루어진 축 주위에서 유무형 재산들의 교환과 이전이 이루어지며 이를 통해 문화 시장이 형성된다. 반면 결정권자와 미디어로 이루어진 축에서는 문화 정책politique culturelle이 자리를 잡게 되는데 이 문화 정책을 "문화 개발développement culturel"로 부르는 이들도 있다.[1] 여하튼 전반적으로 봐서 이 결정권자와 미디어 축을

1 문화 개발은 문화 사업과 다른 개념이다. 문화 사업은 분야별로 구분되어 진행되는 단편적이고 때론 일회적인 성격을 갖는 반면, 문화 개발은 국가의 전체 개발 계획에 포함된 문화 정책을 지칭한다. "문화 사업부ministère des Affaires culturelles"로 불리던 부처가 오늘날 "문화부ministère de la Culture"로 불리는 것에서 알 수 있듯이 갈수록 국가 차원의 문화 정책이 부각되어 갔다. 프랑스가 조르주 퐁피두 대통령하에서 제6차 국가 개발계획(6e plan, 1971-1975)을 준비하는 과정에서 1969년에서 1970년 사이에 태어난 이 문화 개발이라는 개념은 제도권에 있든 개별적인 것이든 불문하고 관민 파트너들 전체를 대상으로 문화적 방향성을 부여하자는 작업이었다. 이런 식으로 새롭게 정의되기 시작한 문화 개

중심으로 다양한 문화 정책들이 개입하여 창작가들과 대중들의 관계를 장려하기도 하고 때론 방해하기도 한다.

문화 시스템의 네 작동 주체들인 창작가, 대중, 결정권자, 미디어들 사이의 관계는 평화적일 때도 있고 공격적일 때도 있다. 창작가와 대중 사이의 관계는 예술이 하나의 시스템으로 존재할 수 있는 존립 기반이다. 하지만 이 '예술 시스템'은 결정권자와 미디어로 이루어진 축이 개입하면서 예술 시스템에 머물지 못하고 '문화 시스템'으로 변화하게 된다.

문화 시스템 혹은 시스템으로서의 문화는 요컨대, 문화와 예술 영역들이 서로 만날 때(정치적, 금융적, 상징적)힘을 발휘하며 일정한 역할을 하는 다양한 파트너들 사이의 상

념은 경제 개발, 산업 개발 등과 떼려야 뗄 수 없는 관계를 형성하게 되었고 동시에 국토 정비 계획과도 연계되었다. 자연히 이 문화 개념은 무엇보다 문화를 향유하는 대중, 특히 문화적으로 가장 소외된 계층들을 고려하지 않을 수 없었으며, 후일 미테랑 대통령이 취임하는 1981년에 창설된 문화 개발국(Direction du développement culturel)이 담당하게 되는 다양한 정책들을 통해 구현된다. 1981년에 창설된 문화 개발국은 7년 임기 마지막 해를 맞은 미테랑 대통령이 1988년, 문화 개발 교육 심의회(Délégation au développement et aux formations)가 되었으며, 이어 현재는 문화부를 지배하는 전체 철학이 되어 문화부 전체의 각 부서들 속으로 들어가 자리를 잡고 있다.(원주이나 연도와 정치가, 개발 계획 등은 옮긴이가 추가한 것임)

호관계인 것이다.

창작가도 아니고 대중도 아닌 파트너들이 예술 영역에 개입하려고 하고 이 개입이 갈수록 빈번하고 강해질 때 모습을 나타내는 것이 바로 문화 정책이다. 문화와 관련된 직종들이 늘어나는 현상이 발생하는데 이는 곧 문화 영역이 확장되었음을 말해준다. 우리가 다루고 있는 문화 엔지니어링, 즉 문화 공학 역시 새롭게 등장한 문화와 관련된 영역이자 직종이다.

3. 문화 시스템의 원리들 —예술의 단계를 넘어서서 문화 시스템이 등장하고 이 문화 시스템이 갈수록 확장되는 것은 현장에서 이루어지는 문화적 관행들이 민주화된 결과라고 할 수 있다. 다시 말해 이제부터 예술과 문화는 수(數)의 지배를 받으면서 소통과 거래가 이루어지는 것이다. 투자가 갈수록 늘어나게 되는데, 이것이 바로 문화 시스템의 가장 두드러진 특징이다(이 경우 투자는 경제적 투자만이 아니라 상징적인 성격도 지니고 있고 여러 다양한 미디어들의 개입 또한 투자라고 볼 수 있다).

A) 지나침 이것이 첫 번째 원리이다. 문화를 향유하는

대중의 수가 늘어나는 것인데, 이 증가가 자발적인 것이라면, 예술적 창조는 상품화, 정치화되고, 장 보드리야르가 언급했듯이 과도하게 소통(hypercommunication)된다. 그럴 수밖에 없는 것이, 대중들은 고객이자 동시에 선거권자이며 소통의 대상이기 때문이다.

고객으로서 대중은 문화 상품을 소유하려고 한다. 이 때문에 예술이 원본을 떠나 복제가 가능한 영역으로 이끌리게 된다, 원본은 희귀하기도 하고 고가이기도 해서 대중들로서는 접근하기가 쉽지 않기 때문이다(석판화, 포스터, 음반, DVD, 인터넷을 통한 다운로드 등이 모두 이런 복제 영역들이다). "창작" 대신 이제 "생산"이 자리를 잡게 되고, 투자가 이루어지면서 무엇보다 이익 창출이 최우선시되기에 이른다.

대중은 선거권자이기도 하다. 문화 정책들은 대중들에게 소개되고 그들을 설득시켜야만 한다. 따라서 문화 정책은 교육과 유혹이라는 서로 상충하는 두 가지 목표를 갖게 된다. 문화적 액션은 화려할수록 정치적 액션만으로는 부족했던 것을 채워주는 효과를 낸다. 문화적 액션은 또한 이해가 서로 충돌했던 시민들 모두로부터 공통된 지지를 얻어낼 수 있으며 정치적 후원 행사라 해도 축제와 볼거리를 제공할 수도 있다. 교육은 정치의 중요한 의무이자 시민들의 권리이기도 하다. 유혹하는 능력은 결코 흔한 능력은 아니지만 자칫 권력 남용으로 전락할 수도 있다.

마지막으로 대중은 홍보의 대상이기도 하다. 문화는 대중을 흡수하는 여러 강력한 이미지들을 만들고 유통시킨다. 그 다음 미디어들이 나서서 가치를 전파하고 대중들의 호응과 참여를 자극하고 호소한다. 예술 창작에서 미디어들이 수행하는 이런 기능들은 정치적으로는 민주적이라고 부를 수 있을 것이다. 하지만 이 민주적 기능은 사실은 미디어들 자신이나 그들과 연계된 결정권자들만을 위한 기능일 수도 있다. 당연히 비판이 따를 수 있다. 따라서 피상적이고 순간적인 가치들에 몰두하는 대중적 현상을 민주적인 것으로 착각하며 비판을 하지 않게 되는 위험이 있는 것이다.

B) 수요와 공급 법칙　A)와 밀접하게 연관된 문제이지만, 대중들과 문화 생산품 사이의 관계는 수요와 공급의 법칙

에 의해 지배를 받는다. 대중들은 구입할 수도 있고 하지 않을 수도 있다. 아무리 좋은 책이라고 해도 읽을 수도 있고 안 읽을 수도 있다. 전적으로 자유인 대중들은 어떤 음악을 들을 수도 있고 안 들을 수도 있으며 감동을 받을 수도 있고 시큰둥할 수도 있다. 대중은 이렇게 소비를 통해 문화를 제재하는 권력을 갖고 있다. 제재가 가해지는 경우 결정권자들과 미디어들은 심각한 재정적 손실을 입거나 정치적 손해를 보는 등의 피해를 입게 되며 때론 이미지에도 큰 손상을 입는다.

C) 예술적 창작에서 문화적 생산으로의 이행 이것이 문화 시스템의 세 번째 작동 원리다. 예술 창작은 갈수록 집단적이 되어가는 과정을 거치며 이루어지고 있다. 책, 음반, 비디오, 영화 등을 창작해 내는 작업은 갈수록 많은 수단을 요구하고 있고 동시에 갈수록 많은 사람들의 개입을 필요로 한다. 창작 과정은 예전에는 간단하고 짧았던 부분들마저도 복잡해졌고 많은 시간을 요구하는 것으로 변했다. 예술가 혹은 건축가는 서로 이해 관계가 다른 여러 명의 선출직 의원들과 공무원들을 설득시켜야 한다. 다양한

도시 규범들을 존중해야 하고 저작권 관련 법률도 준수해야 하며 기타 경쟁에 관련된 규정 등 제반 법규들을 지켜야 한다. 각종 위원회도 만나야 할 때가 있고 현장 작업 감독관들도 만나야 한다. 뿐만 아니라 다양한 공공 기금 및 민간 기금 관리 인원들도 만나야 하며, 기자회견 등의 대언론 활동에도 참여해야 하며 무엇보다 일반적으로 보수적인 성향을 띠게 마련인 대중들의 반응에도 대비해야 한다. 이렇게 해서 예술 창작은 갈수록 기업 활동을 닮아가며 따라서 개인적인 작업이 아니라 집단적 작업으로 변모해 간다. 또 예술 창작이 사회적 성격을 띨수록 창작 과정에 긴 시간이 필요하다. 예를 들면, 세르지-퐁투아즈에 조각가 다니 카라반이 악스 마죄르를 만드는 데 30년이 걸렸으며(1980-2010), 파리의 빌레트 공원에 건물들을 채우는 데는 30년 이상의 시간이 필요했다.[2]

이런 이유로 최종 결과물을 놓고 보면, 엄청나게 늘어

---

2 '주축主軸'이라는 뜻의 악스 마죄르Axe majeur는 1970년대부터 개발이 시작된 파리 외곽 북서부의 신도시인 세르지-퐁투아주Cergy-Pontoise에 조각가 카라반(Dani Karavan, 1930-)이 30년 동안 세운 기념비적인 랜드아트 조각이다. 파리 동쪽에 위치한 라빌레트la Villette 공원은 55헥타르에 달하는 도살장 터를 1970년대 말부터 재개발한 공원으로 시민들을 위한 음악당, 미술관, 과학관 등이 녹지대와 함께 조성되어 있다.(옮긴이)

난 전체 비용에 비해 순수 창작자의 몫이 갈수록 줄어들어 저작권 정도에 그치고 마는 결과에 다다른다. 창작이 아닌 생산 활동이 되어 버렸기 때문에 생산 단계마다 개입한 파트너들에게 대가를 지불해야만 하고 따라서 창작가인 화가, 건축가, 작가 혹은 연주가나 배우 등 창작자들에게 돌아갈 몫은 그야말로 형편없이 줄어들어 굶어 죽지 않을 정도에 그치고 마는 것이다.

그런데, 역설적이게도 창작자의 명성은 점점 더 큰 중요성을 지니게 된다. 미디어들을 통해 예술가 개인이 지나칠 정도로 부각됨으로써 일어나는 현상인데, 이 현상은 그가 손에 쥐는 쥐꼬리만 한 보수에 대한 보상인 셈이다.

하지만 반대 현상도 일어나고 있는데, 다름 아니라, 멀티미디어의 발달에 따라 앞으로는 예술가 개인에게 돌아가는 몫이 증가할 것으로 예측된다. 음악 분야에서 일어나고 있듯이 여러 가지 재생 기기들을 통해 예술가가 그의 생산품(음악)을 구입하는 고객들을 직접 만날 수 있게 되는 것이다.

D) 변증법적 창조. 네 번째 원리는 변증법적 창조이다. 예

술과 문화 분야에서의 창작이 생산이 되어 가면서 질보다 양, 스튜디오보다 시장의 중요성이 우선시되면 될수록 두 가지 반응이 나올 수 있다. 첫 번째 반응은 대량생산의 이점을 과대평가하는 경향을 보일 것이며, 두 번째 반응은 이와는 반대로 감식가 수준의 극소수에게만 감상의 기회를 주는 경향을 보인다.

창작의 질에 절대적 중요성을 부여하려는 반응은 창작자 그룹과 미디어 그룹 양자에서 나올 수 있다. 이 반응은 감상과 공연 등의 행위들을 거대한 규모로 자주 열려고 한다는 의심을 받는 결정권자 그룹과 대중 그룹에 대한 반발이기도 하다. 하지만 같은 미디어 그룹에 속하는 기자들과 비평가들은 나누어서 볼 필요가 있다. 기자들은 대부분 양에 치중하며 비평가들은 주로 질에 중요성을 부여하곤 하기 때문이다. 이런 대립은 2009년에 채택된 아도피HADOPI, 즉 "인터넷 상의 작품 배포와 저작권 보호를 위한 고등 위원회" 설치를 정한 법률에 찬성하는 측과 반대하는 측 사이의 대립에서도 여실히 드러난다.[3] 아도피는

3 아도피(HADOPI, Haute autorité pour la diffusion des œuvres et la protection des droits sur Internet)는 2009년에 제정된 〈창작과 인터넷 법loi Création et Internet〉에

인터넷 상에서 이루어지는 불법적 업로드와 다운로드에 대하여 각 사안별로 단계적인 제재를 규정하고 있다. 이 질과 양의 관계는 변증법적이라고 할 수 있다. 질보다는 양을 중요시하는 대중 그룹과 결정권자 그룹은 창작자 그룹과 미디어 그룹이 생각해 내는 혁신적이고 참신한 창작품들을 새로운 문화 생산품으로 분류하면서 시장에 내놓으려고만 하기 때문이다. 다시 말해, 가장 최신의 창작물마저도 시장에 풀어 이익을 "회수"하려고 하는 이들이 바로 공공 기관들, 금융기관들(은행, 기업), 문화 단체들, 제작자들로 이루어진 결정권자이며 여기에는 대중도 일조를 한다. 문화가 상품화되는 이 현상 속에 사로잡힌 창작가는 이 그물에서 벗어나기 위해, 피에르 부르디외가 말한 대로, 이전과는 다른 훨씬 참신하고 난해한 창작을 하게 된다. 이 변증법적 과정은 대중에게는 문화적응의 시간과 기회를 제공하는 것이며, 창작가인 예술가들에게는 스스로 이전의 자신과 차별화하면서 새로워지는 기회가 된다.

따라서 늘 위험이 도사리고 있다고 볼 수 있다. 다시 말

의해 결성된 독립 공공 위원회이다. 프랑스어에서는 H 발음이 생략되는 묵음이기에 이 기구는 아도피로 불린다.(옮긴이)

해, 결정권자와 대중들이 강하게 요구한다는 이유로 창작에 수반되는 여러 가지 까다로운 크고 작은 조건들을 무시해 버릴 수 있는 것이다. 이렇게 되면 최악의 결과가 나올 수밖에 없다. 인터넷 대중과 기술이 풍부한 물을 공급할 수는 있겠지만 그 물이 창작의 불꽃을 꺼버리고 열기를 식혀버릴 수가 있는 것이다. 그렇다면 메마르지 않는 창조 정신 같은 것이라도 찾아내서 이런 위험을 극복해야 할까? 인터넷을 통한 문화 접근과 향유를 막을 수 없는 상황에서 이를 창조적인 것으로 만들기 위해서는 어떤 대가를 치러야 할 것인가?

E) 문화 유산의 축적 다섯 번째 작동 원리는 문화 유산의 축적이다. 문화 시스템이 해야 할 마지막 작업은 창작과 그 결과물을 기억 가능한 상태로 만드는 것이다. 이를 위해 예술적, 문학적 창작물들 가운데서 역사를 통해 축적된 기존의 것들에 추가할 수 있는 것들을 선별해 내야 한다. 이런 예술 작품과 정신적 산물의 축적이야말로 문화의 근간을 이루는 핵심이다.

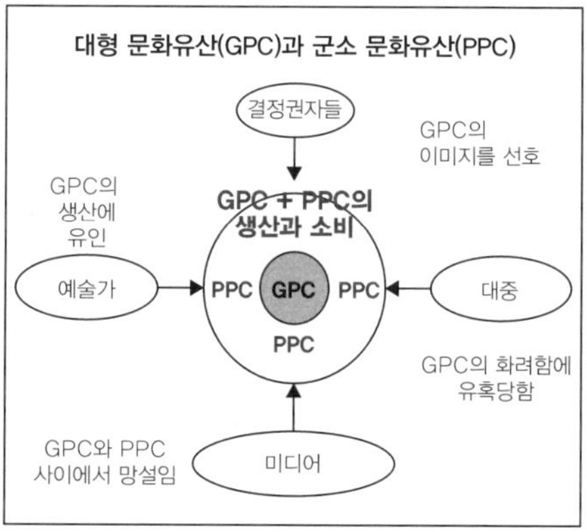

그림3. 문화 시스템의 작동원리들

문화재는 문화 시스템에서 핵심적 위치를 차지한다, 우선 배정되는 예산 측면에서 그렇고 다음에는 문화 시스템을 작동시키는 4대 그룹이 자신들이 펼치는 활동의 근거로 삼기 때문에도 그렇다. 모든 문화적, 예술적 창작은 잠재적으로 미래의 문화재가 될 가능성을 갖고 있다는 것이다. 대중들은 문화재 속에서 그들의 정체성을 구성하는 중요한 요소들을 확인한다. 문화재는 이렇게 해서 창작자와 대중 사이에서 일종의 사랑의 묘약 같은 역할을 해준다고 할 수 있다. 문화재 속에 있던 것들이 비슷한 형태를 띠고 작품 속에도 있다면 무조건적인 사랑이 가능한 것이다. 따라서 과거의 창작품과 그에 대한 평가를 참고하지 않은 창작은 불가능하다.

문화재는 결정권자와 미디어에게는 대사업이다. 가치 여부가 불확실한 창작물 앞에서 망설이던 투자자들도 만인이 인정한 가치들 앞에서는 대규모 투자를 할 것이다. 투자자들은 창작품의 불확실성을 잘 알고 있으며 언제나 두려워한다. 미디어 그룹에 속한 비평가들은 당대적이기보다는 역사적이다. 흔히 비평가들은 창작자들보다 한 세대 정도 뒤쳐진 이들로서 늘 역사를 판단의 근거로 삼게 마련이다. 문화 시스템은 21세기에 들어오면서 그 어느 때보다 문화재에 의존하는 경향을 강하게 띠고 있다.

어쩌면 우리가, 창작자, 결정권자, 대중, 미디어 그룹 등으로 문화 시스템의 4대 작동자를 분류해내고 이 그룹들 사이의 관계를 논한 것이 지나치게 도식적일 수도 있다. 우선 많은 이들이 한 그룹에만 속하는 것이 아니라 여러 그룹에 걸쳐 활동을 하기 때문이다. 이런 이들일수록 문화 시스템의 위대한 정복자들이라고 할 수 있다. 투자할 돈과 감식안을 동시에 갖추고 있는 비평가가 있다면 그는 정복자일 것이다. 우리가 뒤에서 살펴볼 앙드레 말로,

자크 랑은 물론이고 미국의 팝아티스트인 앤디 워홀 등이 이런 문화 시스템의 정복자들이다.

은행가이면서 예술비평가이기도 한 예술 전문 기자가 있다면 그 역시 정복자이다. 여기에 그가 돈까지 있는 사람이라면? 그런데 이 사람이 한 때 창작을 하기도 했던 예술가였다면? 자신의 옛날 창작 작품을 부각시키기 위해 그는 문화 시스템의 지렛대들을 사용할 것이다.[4]

반면 다른 그룹으로부터 고립된 채 한 그룹에만 속한 자가 각 그룹들의 상호 관계를 지배하는 작동 원리들을 모르고 행동한다면 그는 주변부로 밀려날 수밖에 없다.

옷을 바꿔 입고 한 그룹의 경계를 넘어서면서 타 영역의 노하우들을 습득해야 한다. 프랑스에서는 그러나 안타깝게도 이런 도전이 잘못 이해되고 비판받기 일쑤다.

---

4 딱 들어맞지는 않지만 리바이벌된 영화 〈토마스 크라운 어페어〉에 등장하는 주인공들이 좋은 예가 될 수 있다. 역사적으로 보면 영화 〈왕의 춤〉에서 무용수와 자웅을 겨루던 태양왕 루이 14세, 플루트 연주에 상당한 솜씨를 보였을 뿐만 아니라, 지금도 연주되고 있는 100여 편의 플루트 협주곡을 작곡했던 프러시아의 프리드리히 2세(Friedrich II, 1712년-1786)를 들 수 있고, 빈 예술대에 두 번이나 낙방을 한 히틀러와 동시대인으로 유명한 화가이기도 했던 처칠도 참고할 만한 인물들이다. 다행스럽게도 조지 W 부시는 은퇴한 후 그림을 그리기 시작했다.(옮긴이)

극소수의 "위대한 자유 정신들"만이 입증해낼 수 있는 일이라고 보는 것인데, 그만큼 위험이 따르는 일이라는 것이다.

II. 문화 시스템의 역사

시간이 흐르면서 문화 시스템은 복잡하게 변해 갔다. 자연히 다양한 문화적 메커니즘들에 대한 이해가 늘어나고 무엇보다 우리가 다루고 있는 문화 엔지니어링, 즉 문화 공학의 메커니즘에 대한 이해와 연구가 늘어나기 시작했다.

문화 시스템과 시스템을 구성하는 요소들에 대한 분석은 대체적으로 3단계로 이루어진 문화 시스템의 발달을 고려하여 단계별로 나누어 진행할 수 있다. "랑 시스템 système Lang"으로 부를 수 있는 가장 최근의 문화 시스템은 1980–1990년대와 그 이후의 기간에 걸쳐 자리를 잡았다. 랑 시스템 직전의 문화 시스템은 흔히 "말로 시스템 Malraux"으로 불리곤 하는데, 1960년대의 시스템이다. 말로 시스템이라는 말은 그리 정확한 표현은 아니다. 랑 시스템의 전조로 간주할 수 있는 시스템이 이미 1960년대 말에 뒤아멜Duhamel에 의해 구상되었기 때문이다. 우리가 다루는 가장 먼 옛날 시기는 19세기 말의 제3공화국 시기인데, 상징적으로 문화 시스템을 레옹 강베타Léon Gambetta의 업적으로 돌릴 수 있는 시기이다. 이 시기는 1870년부터 1940년까지의 긴 시기이며, 1881년에는 앙토냉 프로스트Antonin Proust가 최초로 정부 부처가 된 "예술부" 장관 자리에 오르기도 했었다.[5] 이 세 시기를 차례대로 살펴보자.

1. 강베타 시스템. 문화에 대한 공화정 국가의 역할에 대한 고민이 시작됨 —1873년 정권을 잡은 공화파는, 부르주아, 급진파, 사회주의자 등 다양한 세력들이 모여 있었음에도 불구하고 향후 70년 동안 비교적 일관성 있게 문화 정책을 이끌고 나갔다. 당시 문화 정책의 핵심은 프랑스 대혁명 이후에도 오랫동안 잔존해온 귀족 문화의 영향으로부터 예술과 문화를 분리시키는 것이었다. 미술청direction des

5 랑Lang, 말로Malraux, 뒤아멜Duhamel, 프루스트Proust 등은 모두 해당 시기에 문화부 장관을 역임한 인물들이며, 레옹 강베타(Léon Gambetta, 1838-1882)는 보불 전쟁 이후 들어선 제3공화정 당시 프랑스 공화파를 이끈 정치가로 국회의장과 총리직에 해당하는 국무위원장, 외무부 장관 등을 지냈다.(옮긴이)

Beaux-Arts이 신설되고 장관직이 부여된 것도 이때다.

이 시기는 여러 번 정권이 바뀌면서도 예술 진흥 정책에 문화적 관심 사안들이 계속해서 물밀듯이 밀고 들어온 시기였다. 미술 고등 위원회Conseil supérieur des Beaux-Arts 설립(이 위원회는 소수의 예술가들을 포함해, 문화 시스템의 네 작동자들의 대표가 모두 모인 진정한 자문 기구였다), 예술 교육에 대한 지속적인 지지, 예술과 산업의 연관성에 대한 인식과 연구, 탈중앙 정책과 전시회 정책 등이 모두 이 시기의 중요한 예술 진흥 정책들이었다.

이 시기에 미술 행정은 계속해서 자율성을 확보해 나갔다. 특히 상급 기관이었던 공공교육부로부터 자율성을 쟁취해 나갔다. 하지만 제5공화국 하의 미술 행정에 비하면 비교할 수 없을 정도로 빈약한 것에 지나지 않았다.[6] 예를 들어, 직원 수만 보더라도, 5공화국인 오늘날은 14,000명이 일을 하지만 당시는 불과 100여 명에 지나지 않았다.(오늘날은 기타 공공 기관에 근무하는 인력까지 모두 합하면 미술 관련 행정기관에서 일하는 인원은 3만 5백 명에 달한다).

---

6 1946년 공포된 제4공화국을 이은 프랑스 제5공화국은 국민투표를 거쳐 1958년 10월 샤를 드골의 주도로 선포되어 오늘날까지 이어지고 있다.(옮긴이)

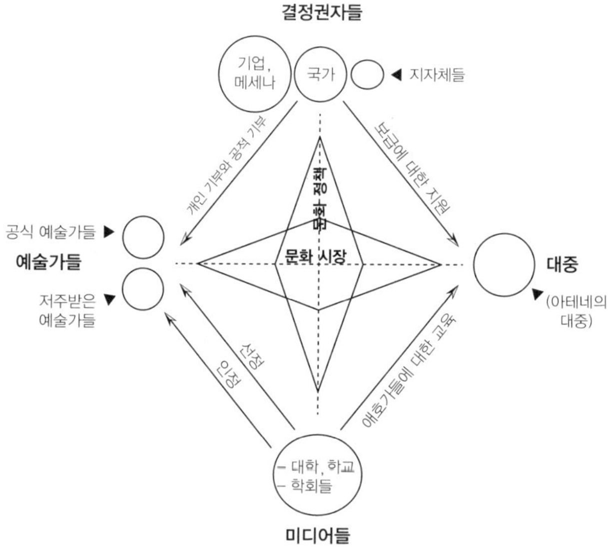

그림4. 강베타 시스템

당시에는 예산도 국가 전체 예산 대비 계속 줄어들었다. 1868년에 0.64%였던 것이 1939년에는 0.20%가 된다. 상급 기관이었던 교육부 예산에서 차지하는 비중도 1868년에 무려 50%에 이르던 것이 1887년에는 15%로 1939년에는 6%로 줄어든다. 하지만 같은 시기 교육부 예산은 전체 국가 예산에서 크게 늘어나고 있어 미술 예산의 감소는 더욱 두드러져 보일 수밖에 없다. 당시 교육부 예산이 국가 전체 예산에서 차지하는 비중을 보면 1868년 1.25%에서 1938년에는 5%로 늘어났다. 교육 예산은 오늘날은 전체 국가 예산에서 무려 20% 이상을 차지하고 있다.

교육 예산 대비 미술 예산 비중이 제2제정 당시 2:1이었던 것이 제3공화국 말기에는 16:1로 줄어든 것을 알 수 있다.

우리가 참고한 마리-클로드 주네-들라크루아의 연구 논문을 보면, 모든 것에도 불구하고, 제3공화국 당시 "미술 행정의 사회적 정치적 역할이 증대된 것"을 부인할 수 없다. 제3공화국 당시 미술은 진정한 자율적인 공공 서비스로 자리를 잡은 것이다. "비록 잠시 동안이긴 했지만, 앙토냉 프루스트의 미술청이 세워진 것은 획기적인 일로서 이후 하나의 전범(典範)으로 자리를 잡는다. 물론 진정한 문화부가 들어서는 것은 제5공화국 들어서 앙드레 말로 문화부 장관 당시이다." 마리-클로드 주네-들라크루아가 내린 결론을 보면, 그 결과 "미술 시스템은 일반 대중들에게 공화국이라는 국가 형태를 합법화하고 영구화하는 데 필수적인 민주적 문화 적응 작업에서 핵심적인 역할을 했다. 국가는 개인들의 이해 추구를 금지하지도 않았고 사적인 동기에서 미술과 관련된 사업을 시작해도 방해하지 않았다. 오히려 국가는 문화적 관례들을 자유스럽게 시행할 수 있게 풀어주었으며 나아가 법률 제정을 통해 미술 활동을 활성화시킴으로써 미술 시장을 성장시키고 다양화시켰다. 그 결과 파리는 미술과 미술가들의 세계적인 중심 도시가 될 수 있었다."[7]

하지만 오늘날 파리는 더 이상 미술과 미술가들의 중심 도시가 아니다. 뉴욕과 뉴욕에 있는 현대미술관들이 이미 파리의 역할을 넘겨받은 지 오래이며 나치 점령 당시 미국으로 망명한 프랑스 아방가르드 미술가들의 도움을 받아 미술의 세계적인 중심지가 되었다.

나치 점령 당시 미국으로 망명한 모든 프랑스 예술가들이 미국에 영향을 끼쳤을까? 그렇지 않다. 대부분 미술청을 비롯해 프랑스 미술 당국들이 인정하지 않았던 예술가

---

7 부분적으로는 문화 제국주의와 연관된 이런 목표는 지난 120년간 프랑스 문화 정책의 꾸준한 목표였다. 조르주 퐁피두 대통령 역시 그의 이름을 딴 문화센터를 지으며 파리를 미술의 메카로 만드는 것이 이 문화센터의 목적이라고 밝힌 바 있다. 국제주의화한 자코뱅주의가 문화 영역에서 유령처럼 다시 출몰하고 있다고 생각하는 이들도 많을 것이다. 국제주의화한 자코뱅주의자들은 프랑스 어권을 만드는 것을 마지막 꿈으로 여긴다.(원주)

들로서 실제로는 공식적인 제도권을 벗어나 있던 아방-가르드 예술가들만이 영향을 끼쳤다. 브르통, 샤갈, 레제처럼 생동감 넘치는 창작활동을 이끌었던 이들만이 영향을 미칠 수 있었던 것이다.

제3공화국 당시의 여러 정권들이 표명한 의지들에도 불구하고, 예술적 선택을 살펴보면 미술 시스템은 전체적으로 아카데미에 의해 주도되었다.

제3공화국의 문화 시스템은 두 종류의 예술가들에 의해 유지되고 있었다. 첫 번째 유형의 예술가들이 흔히 "저주받은 예술가"로 불리곤 하는 이들로 예술과 문학 분야에서 멸시당한 이들이다. 두 번째 그룹은 공식적인 인정을 받으며 명예와 부를 한 손에 거머쥔 이들이다. 이들은 대부분 예술 학교를 졸업하고(미술 아카데미, 미술 고등 위원회 등) 관련 기관에 들어간 이들이다. 물론 저주받은 예술가들이 공식 예술가 그룹으로 편입되는 경우도 있었다.[8]

8 나폴레옹 3세 치하에서 일어난 "낙선전"의 주인공인 마네의 〈풀밭 위의 점심식사〉(1963) 스캔들 이후 1874년의 제1회 인상주의 전을 비롯해 많은 사례들이 19세기 말의 저주받은 예술가들이 처했던 상황을 잘 일러준다. 당시 저주받은 예술가들이 모여 살았던 곳이 바로 몽마르트르 언덕 인근이었다. 저주받은 화가의 반대편에 있는 공식적 예술가를 대표하는 화가로는 1863년 마네를 낙선시키고 살롱전에서 나폴레옹 3세가 즉석에서 구입한 〈비너스의 탄생〉을 그린

공식 예술가들만이 정부의 주문을 받을 수 있었고 자연히 이들은 부와 명예를 거머쥘 수 있었다. 다소 거칠게 구분이 된 이런 이분법의 대상이 된 전체 예술가들의 수가 당시로서는 그렇게 많지는 않았으며 예술가들의 화풍도 결코 다양하지 못했다.

자연히 당시에는 지금과 비교할 수 없을 정도로 적었던 미술 대중도 고전적 취향을 갖고 있었고 단순한 대중이 아니라 예술가들과 상당히 친밀한 관계를 맺고 있었다. 이들은 대부분 유산을 물려받은 상속자들이거나 증권 같은 것으로 거부가 된 이들이었다. 이들로 구성된 이른바 엘리트 중심의 "아테네 공화국"은 대학을 독점하기도 했다. 이들의 주장과 활동 영역은 이성에 근거를 둔 합리적이고 실증적인 것이었다.

미디어 그룹 역시 대학인 아니면 아카데미 사람으로만 구성되어 있었고 어느 경우든 막강한 영향력을 행사했다.

카바넬과 인상주의를 끝까지 반대하며 1900년 만국 박람회장까지 나타나 입장하려는 대통령을 붙들고 모네와 같은 인상주의자들의 그림을 전시하면 프랑스 미술이 망한다고 울부짖었던 장-레옹 제롬을 들 수 있다. 이 두 가지 에피소드는 단순한 가십거리가 아니라 프랑스 근현대 미술과 문화를 이해하는데 의외로 중요한 시사점을 제공해 준다.(옮긴이)

비평은 아카데미들에 의해 장려되었고 노선이 결정되었다. 비평은 또한 한 집단의 이름으로 발표되며 집단의 생각을 반영하는 것이었기에 18세기 말에 디드로에 의해 시작되어 이후 19세기 중엽의 보들레르로 이어지는 개인적이고 야인 스타일의 의견이 표출되는 비평과 강하게 대립하고 있었다.

인정을 받은 예술가들은 여러 제도들의 도움을 받아 당시 극히 적었던 재능 있는 대중들과 돈독한 관계를 유지했다.

대학 역시 미디어로서의 역할을 수행했다. 대학은 지식이 아니라 감각을 함양하는 것에 대해 경계를 하면서 지식의 영역에 마련된 자신의 위치를 고수하며 언제나 저항세력으로서의 기능을 수행해 왔다.

강베타의 시스템에 있어 문화 시장은 상대적으로 좁았다. 결정권자들은 돈과 이데올로기에 기반을 두고 있었다. 전쟁을 수행할 수 있는 힘, 국가라는 장치, 재정 동원능력(사기업) 그리고 정치 권력(국가와 지역들) 등이 제3공화국 들어와 증대되었고 대부분 중앙집권화를 선호하는 이데올로기에 의해 지배를 받고 있었다.

공화파들은, 장식 예술 중앙 연맹의 예에서 보듯이, 예술과 문학에 있어 민간 쪽의 주의주장을 인정하고 북돋아 주는 입장을 취했다.[9] 문화 기관들이 자체적으로 운영비를 마련하는 것도 많은 박물관이나 역사 기념물의 예에서 보듯이 상당히 체계적으로 장려되었다.

제3공화국 당시 각 지방의 업무와 사명은 중앙정부의 것들을 거의 그대로 모방하는 수준에 머물러 있었다. 취향 측면에 있어서도 마찬가지여서, 하나의 경향이 정상적인 것으로 받아들여지고 유행을 하면 그것은 전국적으로 퍼져나갔으며, 이런 경향은 교사들에 의한 단일 표준어를 가르치는 언어 교육에서 가장 두드러지게 나타났다. 언어가 아닌 예술의 영역에서 보면, 이렇게 중앙정부에서 내려오는 하향식 시스템은 지방 박물관들에 "중앙정부의 창고"라는 낙인을 찍는 것이기도 했다. 각 지방의 크고 작은 박물관들은 아무런 비용 지출도 없이 파리의 유행에 맞춰

9 장식 예술 중앙 연맹(Union centrale des arts décoratifs)은 1882년 창설된 이후 2008년 MAD(musée des Arts décoratifs, 장식예술박물관)으로 개칭된 문화 예술 단체다. 민간 단체이지만 공공성을 인정받아 준 공공 기관에 준하는 혜택과 감독을 받는다. 단체의 목적은 순수 예술과 응용 예술의 공존에 있으며 이를 위해 의상, 장식, 디자인, 섬유, 광고, 그래픽 등 응용 예술과 관련된 유물 수집, 교육, 전시, 출판 등의 사업을 한다. 현재 본부는 루브르 박물관 안에 있다.(옮긴이)

서 움직일 수 있었다. 이렇게 해서 국가는 프랑스라는 단일한 국가 정체성을 지킨다는 명분하에, 문화 예술의 영역에서 눈에 잘 띄지 않으면서도 사실은 실제적인 이데올로기적 영향력을 행사한 것이다.

제3공화국 시절은 동시에 중요한 문화시설들이 들어선 시기이기도 했다. 이 문화시설 건축은 의무교육이 본격적으로 시행되면서 이루어진 학교 신축과 함께 이루어졌다.[10] 또한 당시에는 학교 건축만이 아니라 시청사, 도청사 등을 대거 신축하던 시절이어서 문화시설도 함께 들어서곤 했다. 이렇게 해서 이른바 "명사들의 공화국"이 자리를 잡아가고 있었다.

증액된 예산에서 알 수 있듯이, 당시에 행해진 진정한 "문화 정책"은 무엇보다 국민 대다수를 차지하고 있던 농민 계층을 문화적으로 계몽시키는 공공교육 정책이었다. 예를 들어 제3공화국 당시 창작 활동에 큰 영향을 끼친 인상주의로부터 영향을 받은 미술, 음악, 문학 작품들이 대

---

10 프랑스 의무교육은 대혁명 당시 천명되기도 했지만 제3공화국 들어 당시 교육미술부장관(Ministre de l'Instruction publique et des Beaux-Arts)이었던 쥘 페리(Jules Ferry, 1832-1893)에 의해 "비종교, 무상, 의무 교육"이 실행되면서 구체화된다. 현재 프랑스는 고등학교까지 의무교육이다.(옮긴이)

거 창작되어 당시를 증언하는 유물로 남아있는데, 이들 작품은 이미 당시부터 제도권을 벗어나 널리 퍼져나갔다.

2. 말로 시스템. 예술의 위엄과 상상의 박물관 —1940년에서 1945년까지 지속된 제2차 세계대전이 끝난 후 예술 공화국, 문학 공화국으로 불리던 프랑스의 얼굴이 바뀌기 시작했다. 앙드레 말로가 등장해 새로운 문화 시스템을 제시한 것이다.

사람들은 1959년부터 앙드레 말로와 샤를 드골이 만나는 장면을 자주 볼 수 있었다. 이 만남을 통해 좌파 인사였지만 말로가 드골파 인사가 된 셈이었고 대중적 인기를 한 몸에 받고 있던 전설과도 같은 인물이었던 드골은 알제에서 일어난 폭동에서 얻은 얼룩이 채 가시기도 전에 권좌로 다시 돌아온 상황이었다. 드골을 좋아하는 지식인들은 그리 많지 않았다. 말로는 비유를 하자면, 공화국 대통령인 드골의 대관식을 문화로 화려하게 빛내준 셈이었다. 문화부 장관이 된 말로는 지식인과 예술가들을 드골파로 개종시키는 임무를 맡은 문화 대주교였던 것이다.

그러면 말로 시대를 맞아 문화 시스템을 움직이는 네

작동자들은 어떻게 변했을까? 국가의 역할에 변화가 생겼지만 이 변화는 물질적 영역에서보다는 상징적 영역에서 일어났다. 말로는 야망을 갖고 있었지만 자신의 야망을 실현시키는 데 필요한 예산을 모으는 데는 능력이 없었기 때문이다.

창작자들은 더 이상 갈라지지 않고 하나로 모였다. 말로는 아카데미의 역할을 축소시켰던 것이다. 그는 공식 예술이라는 표지를 제거해 버렸고 예술에 있어 현대성과 아방가르드 경향을 띤 큰 흐름들을 전적으로 인정했다. 강베타의 문화 시스템에서는 찾아볼 수 없었던 현상들이었다. 실제로 강베타 시대에 출현한 입체파, 미래파, 초현실주의 등은 당시에는 크게 인정을 받지 못했던 전위적 운동들이었다. 말로는 이렇게 해서 예술에서 현대성을 인정하지 않은 결과 카유보트의 기증을 거절해버리고 만 강베타 시절의 공무원들을 지배했던 전통과 단절을 한 것이다. 후일의 문화부에 해당하는 당시 미술청 수장들은 로댕이 만든 발자크보다 달루가 만든 위고를 더 좋아하는 사람들이었다. 그들의 눈은 로댕의 발자크 상을 위대한 문인을 기리는 조각으로 결코 받아들일 수 없었던 것이다.[11]

말로는 이렇게 함으로써 이미 여러 곳에서 인정을 받고 있던 아방가르드 예술가들에게 남은 마지막 문을 열어준 것이다. 그 마지막 문이란 다름 아니라 국가의 인정이었다. 비록 국가가 인정한 공식적 예술가들 중 일부는 추잡한 짓거리들을 하긴 했지만, 이제 예술가들은 공식 예술가와 저주받은 예술가로 나뉘어지지 않게 된 것이다.

대중들을 살펴보면, 한정된 예술 애호가 층에서 중산층 전체로 넓어지면서 이제 대중은 그 숫자가 크게 늘어나 예술을 소비하는 계층으로 성장하게 된다. 서서히 문화 산업이라는 개념이 모습을 나타내기 시작한 것도 이 당시이며 FNAC가 창설된 시기도 이때다. 영화와 출판이 활성화되어 전성기를 구가했고 무엇보다 오디오비주얼이 대세를 이루던 시기이기도 했다.[12]

---

11 카유보트(Gustave Caillebotte, 1848-1894)는 화가이면서 동시에 큰 유산을 물려받아 동료 인상주의 화가들의 작품을 다량 구입해 소장하고 있었다. 그가 국가에 기증하기로 한 67점의 작품들 중 38점만 국가가 기증을 허락했고 나머지는 뿔뿔이 흩어져 버렸다. 프랑스 미술사에서 자주 언급되는 유명한 에피소드이다. 위고와 발자크의 동상을 둘러싼 에피소드 역시 프랑스 미술사에서는 꽤나 유명한 일화들인데, 모두 파격적인 로댕의 작품들을 두고 불거진 이야기들이다. 두 작품 모두 문인 협회의 주문을 받아 제작되었지만 취소되는 등 우여곡절을 겪는다. 하지만 로댕은 조각가 달루의 흉상을 조각하기도 한다.(옮긴이)

12 국립현대미술기금인 프나크(FNAC, Fonds national d'art contemporain)는 국

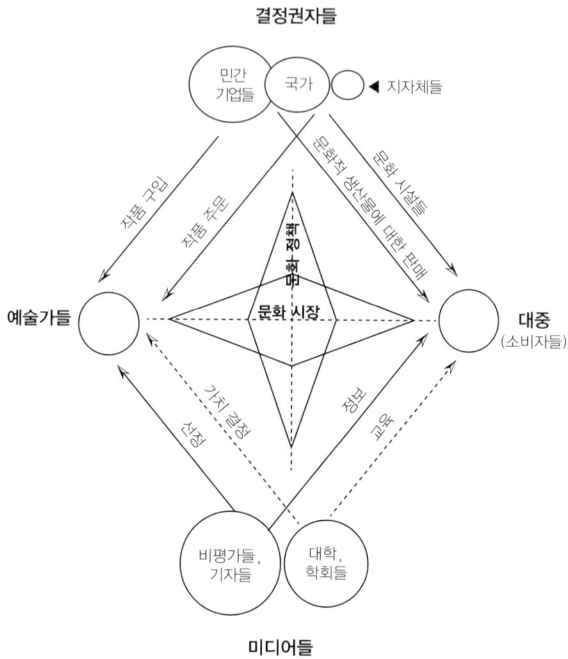

그림5. 말로 시스템

미디어 그룹 내에서도 큰 변화가 일어났다. 강베타 시스템에서 미디어는 비교적 큰 차이 없이 대동소이했었다.

립조형예술 센터가 운영하는 작품 소장 기관이다. 전시용 미술관이 아니라 작품 보관이 주목적인 기관이다. 1976년 현재와 같은 구조를 갖추기 시작했다. 요즈음 들어 국내외에 작품 임대를 통한 전시회도 열고 있다. 파리 서쪽 신시가지인 라데팡스에 위치해 있다.(옮긴이)

하지만 말로 시대에 들어와 미디어는 두 가지로 나누어진다. 대중 미디어들과 그 기자들이 한 쪽에 포진하고 있었고 다른 쪽에는 적어도 1968년까지는, 대학과 대학과 연계된 학회들이 언론과 대립하며 자리를 잡고 있었다. 교육부가 문화와 관련된 업무까지 맡고 있었지만 불충분했기 때문에 그 빈 자리를 채우기 위해 문화부의 필요성이 제기되었고 그렇게 해서 새로운 정부 부처로 문화부가 설립되었다. 실제로 말로는 교육을 두고 지나치게 역사 위주로 이루어지고 있으며 그나마 너무 추상적이라고 비판을 했었다. 그가 보기에 문화는 지식이기보다는 감각 혹은 감수성의 문제였고 정서적 접촉이 최상의 교육법이었다. 그의 말을 직접 들어보자. "내가 만일 미사를 보는 중간에 클로비스 이후 계속해서 이 땅에서 살아온 이름 없는 한 평범한 농부에게 미술 작품들을 보여준다면 이 농부는 감동을 받을 수도 있을 것이며, 이 방법이 딱딱한 학교 의자에 앉아 미술사를 따라가야 했던 학창 시절을 보낸 그 농부에게 미술에 대해 더 많은 것을 가르쳐 줄 수 있을 것이다."[13]

문화 시스템의 작동자들 중 하나인 미디어 그룹이 다양

한 언론 매체의 기자들과 교수들, 학회들로 분산되자 비평가들과 기자들의 역할이 상대적으로 중요하게 되었다. 이들은 큰 목소리로 현대성과 문화 민주화를 주장하곤 했고 그러면서 동시에 정부의 역할도 강조했다. 이런 관점에서 보면 말로의 문화 시스템에서 국가는, 비록 실천에 옮길 만한 수단이 없었기에 상징적 수준에 머물렀지만, 강베타 시절보다 훨씬 큰 역할을 했다고 볼 수 있다.

말로는 예산 부족에 시달리면서도 자크 랑보다 앞서 몇 가지 대형 프로젝트를 시행하는 놀라운 기획력을 보여주었다. 파리의 건물 정면 청소 및 정리, 샤갈과 마송에게 각각 파리 오페라와 오데옹 극장의 천장 장식화 주문 등이 그것이다. 이 대형 프로젝트들은 모두 언론의 집중 보도를 받을 수밖에 없는 것들이었고 말로는 이를 잘 알고 있었다.[14] 물론 말로에게는 이 두 개의 프로젝트 이외에는 자

13 클로비스(Clovis, 466-511)는 프랑크 족의 수장에서 클로틸드를 왕비로 맞이하여 랭스 성당에서 세례를 받고 기독교로 개종을 한 이후 역사적으로 프랑스 초대 국왕으로 인정을 받는 인물이다. 이후 프랑스 국왕들의 대관식이 랭스 성당에서 거행하는 관례가 확립된다.(옮긴이)

14 1962년 앙드레 말로에 의해 시행된 도시 계획의 일환인 문화재 보존 부각안(PSMV, plan de sauvegarde et de mise en valeur)에 의거해 역사적, 미학적으로 보존 가치가 있는 건물들을 수리하고 복원하는 작업이 시행되었다. 파리 오페라

신의 야심을 실현시킬 수 있는 수단이 없었기에 절망하지 않을 수 없었지만, 말로는 최초로 문화 시스템의 내부 칸막이들을 제거하는 방아쇠를 당긴 것이며 이는 곧 우리 모두가 갖고 있는 문화에 대한 믿음에 그가 호소를 한 것이기도 했다.

말로의 시스템에서 자크 랑의 시스템으로 바로 넘어갈 수는 없다. 중간에 반드시 언급해야 할 두 사람이 있기 때문인데, 다름 아니라 조르주 퐁피두와 자크 뒤아멜이 그들이다.

커다란 문화 격변이었던 68년 5월 학생 혁명(Mai 68)으로 인해 말로는 장관직을 떠나야 했다. 국민 모두에게, 특히 젊은이들에게 어울리는 문화를 늘 고민했던 그였지만 길거리에 나서면서 야유를 받아야만 했다. 퐁피두는 말로가 했던 이 작업, 즉 국민과 다시 가까워진 문화를 이어받고자 했다. 말로가 미완성으로 남겨놓은 채 떠나야 했던 문화의 집(Maison de la Culture)을 이어받아 완성시키고자 했

하우스는 가르니에 홀을 말하며 샤갈은 1964년에 이 홀에 원형의 천장화를 완성한다. 오데옹 극장은 1782년에 건립된 연극 전문 공연관이다. 현재는 오데옹 유럽 극장으로 명칭이 변경되었다.(옮긴이)

다. 말로 당시 이 문화의 집은 일반 국민들이 쉽고 자유롭게 현대 예술을 만날 수 있는 곳으로 구상되었다.

퐁피두는 문화의 집들을 널리 퍼뜨리기 위해 프랑스 식으로, 다시 말해 위에서 아래로 지시를 내리는 하향식으로 일을 했다.

이 문화의 집을 비롯한 새로운 문화 혁신 운동에서 당시 문화부 장관이었던 자크 뒤아멜(1971-1973)은 핵심적인 역할을 맡아 수행했다. 대통령의 전적인 신임을 받고 있었을 뿐만 아니라 수상인 자크 샤방 델마스의 지지도 받고 있던 뒤아멜은 문화부를 현대적인 모습으로 바꾸어 놓았다.[15]

말로와 퐁피두가 시행한 문화 정책은 미테랑과 자크 랑에 의해 계승되면서 대형 사업들을 통해 구체화되었다. 퐁피두센터를 기획하고 건축한 문화부 팀은 오르세, 라빌레트, 바스티유 오페라, 그랑 루브르 등을 기획하고 완성

15 자크 뒤아멜(Jacques Duhamel, 1924-1977)이 행한 여러 문화 정책들 중 문화개입기금 창설, 검열 폐지와 함께 이른바 1%법으로 통하는 정책은 언급할 가치가 있다. 1%법은 공공 기관의 건물을 지을 때 건축비의 1%를 예술 작품 제작에 의무적으로 투자해야 하는 법으로 한국을 비롯한 여러 나라에서 참고한 바 있다.(옮긴이)

시켰다.[16] 이런 면에서 퐁피두센터는 문화 정책의 모태 같은 곳이라고 할 수 있다. 의무교육 시스템과 대학에서 배우는 문화가 아닌 전혀 다른 경로들을 통해 문화를 배우며 민주화시키는 본격적인 시도가 결실을 맺은 곳이 바로 퐁피두센터였다. 교육제도 내에서는 다양한 예술 장르들 간의 칸막이를 허물지 못했고 다양한 분야들 사이의 학제간(學際間, interdisciplinaire) 연계도 이룰 수 없었으나 퐁피두센터는 의도적으로 칸막이를 허물고 학제 간 연계를 지향했다.

3. 랑 시스템. 모든 것이 문화라는 신념 —미테랑 대통령의 1기 임기가 시작되는 1981년부터 여러 차례에 걸쳐 문화부 장관을 지낸 자크 랑의 문화 시스템은 말로의 시스템과 크

16 7년 임기의 대통령에 재선되면서 14년 동안 대통령직을 수행한 미테랑 대통령은 1차 임기를 시작하는 1981년부터 이른바 파리 10대 공사로 알려져 있는 대규모 건축 사업을 시작한다. 본문에서 언급한 오르세, 라빌레트, 바스티유 오페라, 그랑 루브르 이외에, 라데팡스 그랑타르슈, 프랑스 국립도서관 신축, 베르시 옴니스포르 다목적 실내 경기장, 아랍 연구소 등이 포함된다. 이 외에 특기할 만한 공사는 프랑스 경제금융부 관사 신축이다. 원래 경제금융부는 루브르 박물관 건물의 일부를 사용하고 있다가 관사를 신축하여 이전하였다. 이 이전 계획은 그랑 루브르 프로젝트와 연계된 전체 파리 재개발의 일환이었다.(옮긴이)

게 다르지 않다. 말로에 이어 문화부 장관을 지낸 퐁피두 정권 당시의 자크 뒤아멜은 샤이오 극장 운영권을 후일 문화부 장관을 지내게 되는 자크 랑에게 맡기기도 했다.[17] 여러 가지 면에서 랑 역시 말로, 퐁피두, 뒤아멜 등의 정신을 이어받은 후계자였다. 문화에 전성기가 오고 있었으며 그 바탕에는 가장 순수한 말로의 정신과 좌파 이념이 받치고 있었고 그에 합당한 방법들 또한 갖추어져 있었다.

1981년 11월, 랑은 이전보다 두 배 가까이 증액된 문화 예산을 위해 하원에서 첫 번째 연설을 한다. 연설 내내 랑은 여러 번 말로를 언급했고 동시에 연극계의 큰 스승이었던 빌라르를 회고하기도 했다. 이렇게 말로 이후의 문화 시스템을 이어받은 랑이지만 그러나 변화가 없었던 것은 물론 아니다.

창작자 그룹은 말로 시대에는 공식 예술가와 재야 예술가(혹은 저주받은 예술가)의 구분이 사라지고 비교적 단일한 집단이 되었지만 랑 시대에 들어와서는 랑이 "작은 예술

17 샤이오 국립 극장théâtre national de Chaillot은 에펠탑이 내려다 보이는 트로카데로 광장에 있는 샤이오 궁에 자리잡고 있다. 자크 랑은 1973년부터 이듬해인 1974년까지 극장장을 맡았다.(옮긴이)

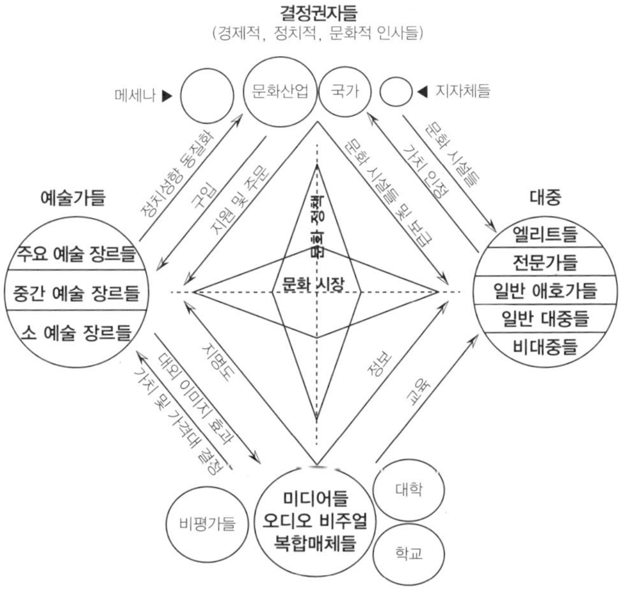

그림6. 랑 시스템

들arts mineurs"이라고 지칭한 것을 인정함으로써 말로 시대보다 상당히 많은 직종의 사람들을 아우르게 되었다. 패션 박물관과 산업 창작 국립고등연구원이 설립되었으며, 사진, 만화, 그래픽, 록 음악, 서커스를 비롯한 여러 분야들이 예술로 대접을 받기 시작했다. 랑은 대중음악 홀인 제니트를 세워 다양한 대중음악들을 예술과 문화로 인정했다. 랑은 이렇게 젊은 사람들을 위한 문화부 장관이 되어갔다. 예술가들은 이렇게 해서 점점 더 많은 사람들을 포괄하게 되었으며 이제 예술가artiste라는 이름보다는 창작자créateur라는 이름으로 불리게 된다.[18]

랑의 시대의 문화부는 이데올로기적 특성을 이전보다 훨씬 강하게 드러냈다. 프랑수아 미테랑 대통령 치하에서 자크 랑의 임무는 드골 치하에서 말로가 맡았던 임무와 유사했다. 지식인들과 예술가들의 참여와 동조를 이끌어내어 정권을 지지하게 하는 것이었다.

자연히 자크 랑의 문화부로 인해 당시는 상당히 소란스러웠다. 언론을 통해 발표가 될 때마다 찬반의견이 갈렸고 토론이 이어지곤 했다. 문화 시스템의 한 작동자 그룹인 대중들은 그 어느 때보다 비약적으로 수가 늘어났을 뿐만 아니라 다양한 계층들을 아우르게 되었다. 그림 7번의 대중 다이아몬드 표를 보면 가장 윗 자리는 불과 몇 천 명의 인원이 차지하고 있지만, 반면 가장 밑변에는 수백만의 사람들이 포함되어 있다. 이 표에서 한 카테고리에서

18 제니트Zénith는 랑이 1981년에 최초로 파리에 세운 대중음악 홀이다. 이후 현재까지 전국에 걸쳐 18개의 홀이 건립되어 운영 중에 있다. 제니트는 등록상표가 되어 일정 좌석 이상을(3천석) 충족시켜야 하며 건축물 내부 구조가 조립식으로 설계되어야 한다.(옮긴이)

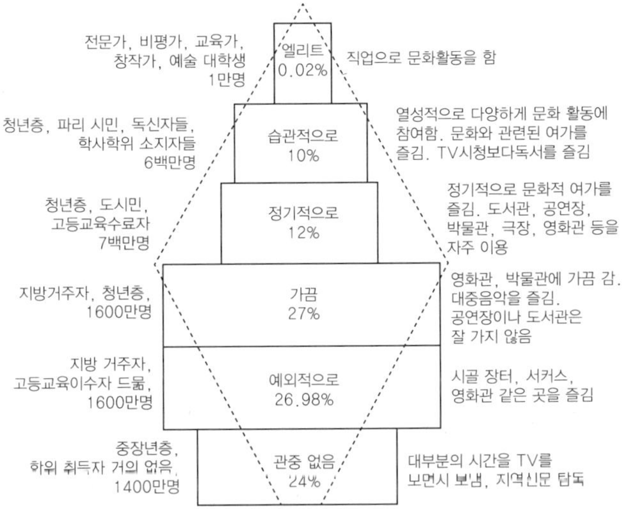

그림7. 대중 다이아몬드

다른 카테고리로 대중들이 이동할 때는 주로 상부 카테고리로 상승하는 움직임을 보인다.

이 대중 다이아몬드 도표 속에는 창작자들의 피라미드가 들어있다. 이는 자연스러운 것인데 문화 생활은 엘리트들의 역할이 없으면 존재할 수 없기 때문이다. 이 현상은 문화의 민주화라는 개념과 결코 상충하는 것이 아니다. 우리 모두는 예술과 사회가 고정되어 있는 세계가 아니라 언제든지 변화가 가능한 그런 사회에 살고 있다.

랑 시스템은 창작과 대중의 개념을 놓고 많은 논의를 하게 했다. 하지만 언제나 공급을 어떻게 할 것인가 하는 문제가 문화 수요를 헤아리는 작업보다 월등하게 앞서곤 했다. 거의 언제나 문화부가 주도권을 쥐고 사업을 한 것이다. 랑에게 있어 대중들을 고려하고 배려한다는 것은 축제를 베풀고 만남을 주선하는 것이었지 정교한 문화 예술 교육을 베푼다거나 혹은 입장료 몇 푼 깎아주는 것을 의미하지 않았다. 랑은 문화 달력을 만들 정도였다. 음악제, 전시회를 찾은 구름 관중들, 박물관의 날, 독서 광풍, 역사 기념물 개방의 날……. 대충 기억에 남는 것만 헤도 이 정도다. 랑이 펼친 대중과의 소통 전략은 예전처럼 정기권을 구입하거나 충성 고객을 확보하는 것과는 완전히 다른 것이었다. 이 전략은 또한 미디어 그룹을 붕괴시켜서 대학 교수들을 주변부로 밀려나게 했는데, 중량감 있는 미디어들이 위세를 떨쳤고 창작자들의 대변인 노릇을 하는 다양한 시청각 매체들과 문화부 장관 자신의 역할도 컸다.

결정권자 그룹도 문화 시스템 전체가 그렇듯이 여러 부류로 나누어졌다. 단일한 성격이 아니라 경제적, 정치적,

문화적 성격을 동시에 지닌 복합체가 되었다. 메세나를 베풀기도 하고 그러면서 동시에 영화, 출판, 패션 등의 영역에서 문화 산업을 크게 일으키기도 했다. 예산을 쥐고 있는 국가도 문화 시스템에서 중요한 역할을 했고, 지자체들도 루브르 박물관 인근의 발루아 가에 자리잡고 있는 문화부가 지방분권 시대라며 교부해 주는 예산 덕택에 문화 분야에 앞다투어 뛰어들었다. 비록 프랑스의 경우 지방분권화가 완성되지 못한 채로 남아 있었지만(왜냐하면, 각급 지방자치단체들 사이에서 재정 지원이 중복되면서 이를 소성하는 문제가 2011년까지만 해도 여전히 풀리지 않고 있었기 때문이다), 말단 지자체인 각 코뮌들은 이후 문화 시스템에서 중앙정부의 사례를 모방하며 중요한 자극을 제공하는 역할들을 해냈다.[19]

랑의 문화 시스템은 말로와 뒤아멜이 시행한 문화 내부의 장벽 제거 정책을 그대로 물려받아 지속시켰다. 문화 정책이 자리를 잡아가면서 동시에 문화 시장의 영역이 넓

---

19 코뮌commune은 프랑스의 말단 행정단위이다. 2018년 현재 35,357개에 달하는 엄청난 수의 코뮌이 있다. 역사적으로 왕정과 카톨릭 교회가 지배하던 구체제 하의 교구 체제를 물려받은 결과이다. 각 코뮌은 시장을 선출하며 시청사와 고유의 행정조직을 거느린다.(옮긴이)

어졌다. 이 점이 비로 프랑스 문화만이 갖고 있는 독특한 특징이기도 한데 제3공화국 이후 현재까지 꾸준히 관찰되는 현상이다.

현대성을 증오하는 반대파 사람은 이제 더 이상 아무런 힘도 쓸 수 없었다. 마르크 후마롤리에 이어 장 클레르가 반대파의 선봉에 섰다. 두 사람은 때로 예리하고 정당한 지적을 하기도 했지만, 새로운 문화 시스템이 이전보다 더 모호하고 더 지독한 새로운 아카데미즘을 퍼뜨리고 있다고 주장했다. 이런 두 사람의 비난에 대해 랑의 문화 정책은 시장의 성장과 탈중앙화된 지자체들에 의해 균형을 찾아갔다고 답할 수 있다.[20] 랑의 문화 시스템이 확실히 언론에 상당히 의지하고 있는 것은 사실이지만, 그러나 이전보다 덜 민주적인 것은 아니며 오히려 그만큼 더 창작자들에게 개방되어 있다고 볼 수 있다.

랑의 문화 시스템에 와서 미디어들의 역할이 변했다고 볼 수 있을까? 물론이다. 대중들은 스스로 결정을 내릴 정

20 마르크 후마롤리(Marc Fumaroli, 1932-)와 장 클레르(Jean Clair, 1940-)는 프랑스 문학, 미학 교수이자 작가겸 미술평론가들이다. 두 사람 모두 프랑스 학술원 회원이며 지난 정부의 문화 정책에 대해 비판적 입장을 보였다.(옮긴이)

도로 성숙해졌고 이런 대중에 맞춰 미디어들도 달라져야만 했다. 하지만 그렇다고 문화 연구와 교육이 충분하다는 말은 아니다. 문화 예술 교육은 완성되는 법이 없는 영역인지도 모른다.

4. 랑 이후(1993–2011). 정당성과 방법론에 대한 의문들 —1993년에서 2011년까지 이어지는 18년은 1969년에서 1981년까지의 12년과 흡사하다. 우선 문화부가 자리잡고 있는 발루아 가의 수인이 여러 번 바뀌었지만 아무도 정책다운 정책을 내놓지 못하고 잠시 거리 구경만 하고 떠났다. 자크 투봉(1993-1995)은 전체적으로 자크 랑의 정책이 우선시했던 것들을 거의 그대로 따랐다. 예술 교육을 장려하려고 노력했고 중앙집권화된 문화부 자체를 개방하려고도 했다. 무엇보다 자크 랑 당시 시작했던 그랑 루브르, 프랑스 국립도서관 등 여러 대형 건축사업을 마무리 지었다.

이어 문화부 장관 자리에 오른 필립프 두트-블라지(1995-1997)는 인권을 신장하고 휴머니즘과 관련된 명분들을 널리 장려하는 정책을 이전보다 더 강화했다. 전임자와 마찬가지로 그도 프랑스 전역을 문화적으로 구획하는 일에 상당히 몰두했고 문화재와 라빌레트 운영을 문화부 소관으로 이전시킴으로써 건축 전반에 관련된 업무를 문화부로 다시 가져왔다. 당시는 자크 시라크 대통령이 집권하고 있을 때였다. 따라서 최종 결정은 대통령이 내린 것이며 이는 전적으로 문화부 예산이 삭감된 것을 무마하고 나아가 위장하려는 것이었다. 실제로 국가 예산에서 문화 예산이 차지하는 유명한 "1%" 비중을 지키기 위해 이런 눈속임이 필요했었다.

1997년부터 문화부 장관을 지낸 카트린 트로트만은 하위 부서들에게 자율권을 주던 탈중앙집권 방식의 운영에 쐐기를 박으면서 음악, 무용, 연극, 공연 부서들을 통합해 버렸다. 문화 민주화가 중요한 화두로 등장했고 오디오비주얼 개혁정책을 밀어붙이는 탓에 문화 자체가 함몰되어 버리는 현상도 일어났다.

2000년이 되자 문화부 장관이 된 카트린 타스카는 다시 그르넬 가로 돌아온 자크 랑과 호흡을 맞춰 나가면서 예술과 문화 교육을 위해 많은 행동을 취했고 또한 문화부를 잘 아는 장관으로서 공공 서비스를 강화하기도 했다.[21]

2002년이 되자, 재선에 성공한 자크 시라크 대통령 당시 대통령 측근이자 문화부를 잘아는 장 자크 엘라공이 문화부 장관이 된다. 엘라공은 파리 그랑 팔레 관련 조치들이 일러주듯이 시장에 대해 열린 태도를 취했다. 조형예술 분야에서도 공무원이 아닌 민간인을 대표자로 선임해 일을 맡기기도 했다. 공연 분야의 비정규직 노동자 문제를 해결하지 못하고 그 문제로 끝내 장관직에서 물러난다.[22]

2004년에 들어서서, 르노 돈느디외 드 바르브가 문화부 장관이 된다. 이 장관에게 떨어진 첫 번째 임무는 연극계와의 갈등을 진정시키는 것이었다. 이 일에 전념하느라 다른 문제들을 소홀히 할 수밖에 없었다. 문화부의 공적

---

21 그르넬 가rue de Grenelle는 주불 한국 대사관(125번지)이 자리잡고 있는 등 파리의 유명한 관가 거리로, 프랑스 교육부도 이 길 110번지에 있다. 본문에서 "다시 그르넬 가로 돌아왔다"는 말은 교육부 장관이 되었다는 말이다. 랑은 2000년만이 아니라 이미 1992년에도 잠시 교육부 장관직을 수행했었다.(옮긴이)

22 장-자크 엘라공(Jean-Jacques Aillagon, 1946-)은 베르사유 박물관장이 된 후 제프 쿤스, 무라카미 다카시 등 일련의 현대미술전을 개최하여 유명세를 탄 프랑스 문화계 인사다. 이 전시회는 친밀한 관계를 맺고 있던 유명한 억만장자인 피노 그룹 회장과 직간접적으로 연관된 것이어서 논란이 불거지기도 했었다. 베르사유 관장직을 그만 둔 후 엘라공은 피노 회장 밑으로 들어가 그의 현대미술 컬렉션들을 보존, 전시하는 일을 하고 있다.(옮긴이)

역할을 확인하고 실천하려고 노력을 했으며 13년의 긴 시간 동안 폐쇄했던 그랑 팔레를 다시 열었다. 하지만 여전히 공사가 진행 중이어서 비난을 받아야만 했다. DADVSI 법률을 제정한 것은 그의 공적이라고 할 수 있다.[23]

2007년 들어, 니콜라 사르코지 대통령은 잠시 문화부와 교육부를 통합하려는 안을 두고 망설이고 있었다. 사르코지는 기존 체제 그대로 가기로 하면서 문화부 장관에 자크 시락크의 측근인 크리스틴 알바넬을 임명했다. 사르코지는 이 여성 장관에게 새로운 도구들을 주지는 않았지만 예술과 문화 교육을 강화하고 그 결과를 측정해 보라는 임무를 주었다. 알바넬은 교육부 장관보인 다르코와 함께, 2000년에 랑-타스카가 시행했지만 5년간 동결되었던 예술 교육안을 이어받게 되었다. 이 교육안은 뤼크 페리와 엘라공에 의해 갑작스럽게 중단되었다. 문화부 장관인 크리스틴 알바넬은 대통령으로부터 서신을 받아가면서, 한눈에 알 수 있는 분명한 문화 정책을 추구해 나갈 수 없

23 약자 DADVSI는 "정보사회에서의 저작권과 인접 권리들에 관한 법률"(Loi relative au Droit d'auteur et aux droits voisins dans la société de l'information)을 말한다. 2006년에 통과된다.(옮긴이)

었기에, 행정 조직 전체에 대한 개혁을 시도했다. 이 일은 다음 장관인 프레데릭 미테랑에게 와서 이루어지는데, 실제로 미테랑은 문화부의 역할을 상당히 축소시킨다.[24]

살펴본 것처럼 18년 동안 8명의 장관들이 문화부를 이끌었다. 문화부는 이 기간 동안 자신의 정확한 업무가 무엇인지에 대해 망설이는 모습을 보여주었다. 갈수록 커지는 지방자치단체들의 역할과도 부딪쳐야 했고, 동시에 문화 예술 시장의 확장에도 대처해야 했다. 뿐만 아니라 문화 민주화가 대세를 이루면서 문화 예술 교육의 중요성을 인정하고 정책을 통해 실천해 나가야 했지만 그럴수록 교육부와의 관계 설정에도 신경을 써야만 했다. 종종 거론되곤 하듯이, 문화부는 교육부에 통합될 수도 있다는 두려움을 갖고 있었다.

전체적으로 보면 프랑스 문화부의 역사는 말로와 랑, 두 사람의 소신이 뚜렷했던 장관에 의해 큰 윤곽이 마련되었다고 할 수 있다. 다른 장관들 역시 재능 있는 분들이었

---

24 프레데릭 미테랑(Frédéric Mitterrand, 1947–)은 프랑스 대통령을 지낸 프랑스와 미테랑의 조카로 방송 언론계 등에서 다양한 활동을 한 후 문화부 장관직에 올라, 2009년부터 2012년까지 3년 동안 장관직을 수행했다.(옮긴이)

지만 비전이나 추진력 등에서 두 사람에게는 미치지 못했다. 다른 장관들은 의지와 정책을 실행해 나갈 수단이 마땅치 않을 때 문화 정책이 제기하는 큰 문제들을 방치하면서 다른 문제들에 사로잡혀 시간을 보냈다. 가령, 예술 직종 경영 문제, 문화부 내의 조직 문제 등에 매달린 것인데, 이런 문제들은 한 발자국만 뒤로 물러나서 보면 오히려 사소해 보이는 문제들이다. 자연히 말로와 랑 두 사람을 제외하면, 다른 장관들은 문화부만이 구상하고 실행할 수 있는 문화 정책에 필요한 열정이 부족했던 것이다.

2장

혼합 문화 경제학

프랑스 문화 시스템은 국가의 개입과 시장 원리에 의해 이중으로 지배를 받고 있다. 이 두 지배 사이에서 균형을 잡는 일은 결코 쉽지 않으며 국가의 개입이 고질적으로 과도하게 이루어지기도 하고 때로는 자유가 거칠게 표출되는 볼썽사나운 꼴이 연출되기도 해서 이 양자 모두에 저항을 해야 한다. 어쨌든 양자가 혼합된 경제 논리가 문화를 근본적으로 지배하고 있다. 물론 유럽 여러 국가들의 다양한 제도들의 도움을 받아 장기적으로는 자유주의와 민간 주도가 갈수록 대세로 자리를 잡아가고 있는 중이다.

문화 공학에서는 국가의 개입이 이루어지는 메커니즘에 대한 인식이 필수적이다. 문화 공학은 모든 문화 정책의 뼈대 혹은 구조를 고려해야만 하며 그것에 맞추어 스스로를 정의, 규정하고 함께 움직여야 하기 때문이다.

1. 국가의 몫 ―국가 예산은 국가가 담당하는 영역과 역할들에 맞추어 상이하게 배분된다.

국가의 개입은 전통적으로 문화 창작, 보존, 전달, 교육 등 네 가지 영역에서 이루어진다. 국가가 담당하는 이 임무들은 2008년 이후 특히 롤프 법(LOLF)이 선포된 이후, 문화부의 조직표를 새롭게 바꿀 정도로 중요성을 지닌다.[1] 문화유산의 보존과 가치 창출(박물관, 문화재, 아카이브 등)과 관련된 예산이 전체 문화부 예산의 36%에 달한다. 그 외 창작 지원이 25%, 문화 전달과 민주화(전시회, 공

1 롤프(LOLF, loi organique relative aux lois de finances)법은 일반 법률의 상위법인 정부 조직법으로서 국가 재정 분배와 운용에 대한 법률적 토대와 범위를 정한 법이다. 1959년, 이전 법을 개정한 후 국가의 예산 운용을 현대화하기 위하여 2001년 새롭게 법안이 선포된 이후 2006년부터 전 행정부처에 적용되고 있다. 일명 재정 헌법으로 불린다.(옮긴이)

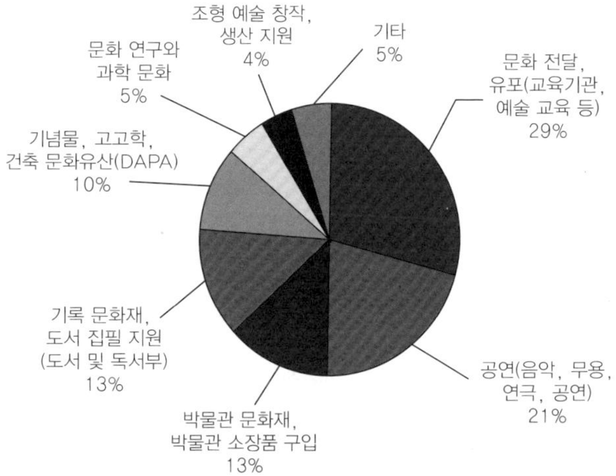

그림8. 문화 예산. 2008년 부서별 배분 현황

공 독서, 연극, 음악 등)가 29%를 차지하고 있다(2008년 예산 기준). 나머지 10% 예산은 문화 연구와 과학, 기술 문화에 배정되었다. 따라서 문화 정책은 우선 문화유산의 보존과 대중을 위한 문화 전달, 유포에 중점이 맞춰져 있음을 알 수 있다. 음악 혹은 조형예술과 같은 시장 경제에 의해 좌우되는 분야의 창작 지원은 상대적으로 적으며, 반면 공공 서비스 영역에 가까운 연극과 문화 예술 교육 분야에 대한 지원은 상대적으로 크다.

롤프 법 이후 이 법에 따라 주 예산안과 그 밑의 하위 예산안으로 구분해서 분야별로 국가 예산이 배분된 현황을 살펴보면, 문화부가 각 분야에 얼마나 신용을 보내고 있는지를 알 수 있다. 2008년 예산안을 중심으로 다음과 같이 정리해 볼 수 있다.

—문화 전달, 유포, 민주화(문화 교육시설, 예술 교육 등): 29%

—공연(음악, 무용, 연극, 공연) 21%

—박물관 소장 문화재 및 (연구, 전시 등을 통한) 가치 창출: 13%

—기록 유산 도서류 창작 지원(도사 및 독서부): 13%

—기념물, 고고학, 건축 유산(DAPA): 10%

—문화 연구와 과학 문화: 5%

—조형예술 창작, 생산 지원: 4%

국립 영화 센터(Centre national de la cinématographie)의 경우 국가가 영화에 배정한 예산 이외에 영화 관련 협회와 기업들이 출연한 예산이 많은 비중을 차지하는 매우 특이한 상황에 처해 있다.

예산 배분을 통한 국가의 역할에 의해 문화의 발전, 연구, 지역별 및 국제적 집행을 총괄하는 문화부에 특이한 모습이 나타났는데, 다름 아니라 모든 부분에 걸쳐 조직 내에 수평적 관계가 형성된 것이다. 장기적으로 이루어진 이런 변화를 통해 각 분야별로 일이 이루어지던 이전의 모습이 사라진 것이다. 모든 것이 마치 C. 트로트만Trautman, 타스카Tasca, C. 알바넬Albanel 등의 문화부 장관들의 영향을 받아 문화 수요를 창출하는 방향으로 문화 정책이 선회를 한 것만 같다. 이는 말로와 랑이 문화부 상관을 할 당시 문화를 공급하는 정책을 우선시했던 것과는 분명 다른 점이다.

2. 국가 역할의 윤리와 규범 —국가는 재정 지원을 통해 문화에 대해 지원과 함께 압력을 행사하지만 국가의 역할은 여기에 그치지 않고 행정의 집행 윤리와 규범을 준수해야 하기에 이해 당사자들 간의 조정 중재와 균형을 도모하는 기능도 수행하게 된다. 문화부는 지침을 하달하고 집행하는 수직적 기능을 통해 상이한 문화 영역들의 현장에 있는 전문 직종인들과 대면하게 된다. 이때 문화부는 자체 윤리

강령을 통해 시장의 변화로 인해 발생하는 위험과 불이익 등으로부터 전문 직종인들의 권리를 보호하고 안전하게 지켜주어야 한다. 문화부는 개인 사업자들과 대중 사이에서, 문화 창작자들과 문화 보존 분야 종사자들 사이에서 균형을 잡아야 한다.

문화부는 따라서 이러저러한 요구들이 있을 경우 이를 지지해야 한다. 가령 1981년과 2011년에 있었던 예술 작품 구입자들에게 재산세 등의 세금을 면제해 주는 조치들이 그것이다. 당시 문화부 장관은 예술 작품 수집가들과 화랑들의 편에 서서 일종의 변호사 역할을 자임하며 같은 정부의 경제재정부 장관과 맞서기도 했다. 도서 단일 정가제를 주장한 자크 랑(Jack Lang) 역시 이 조치를 통해 대규모 매장을 갖고 있는 대형 서점에 의해 위협을 당하고 있는 중소 서점들 편에 서기도 했다. 랑은 이외에도 창작자와 연주자들의 저작 인격권(著作 人格權, 불 droit moral, 영 moral right)과 지적재산권을 보장하는 법률과 규정을 채택했다. 몇몇 사람들은 이런 조치를 취한 랑을 두고 "문화 동업조합"을 조장한다는 비난을 하기도 했었다. 이런 비난은 전혀 근거가 없는 것은 아니지만, 각 직업군이 보호를 받으며 그로 인해 무엇보다 창작자와 대중들이 보호를 받을 수 있다면 이는 결코 부당한 일이 아니며 랑이 제정한 법들은 장기간에 걸쳐 효과를 내고 있다.

상이한 문화 영역들에 법률적 조치들과 규정들이 도입됨에 따라 각 영역은 영역 고유의 규범들을 갖추고 그 어느 때보다 자율성을 지니게 되었다. 국가의 개입은 이렇게 해서 이미 상당히 진행되고 있던 문화의 분야별 세분화가 한층 더 진전되는 결과를 가져왔다.

문화 유산의 가치를 보존하고 부각시키는 일이 문화부의 가장 우선시되는 기능이기에 문화부는 역사 기념물과 그 주변을 보호하고 국가 문화재로 분류된 예술 작품을 프랑스 국내에 잔존시키는 튼튼한 법률과 규정을 마련해 집행하고 있다. 문화재로 간주된 예술 작품에 대해 해외 수출에 앞서서 국내에서 우선 매수할 수 있는 우선매수권을 인정하는 것이 대표적인 사례다.

창작을 북돋우는 정책에서 문화 행정은 몇 가지 독특한 장치들에 의존해 오고 있다. 몇 가지 예를 들면, 국립영화센터를 통해 영화 제작자들에게 제공되는 제작비 선공제, 미술 화랑에 제공되는 첫 번째 전시회 지원금, 예술가 장학금, 예술가들의 작품 구입 및 제작 주문, 작가와 작곡가 지원 등이 있다. 그러나 국가는 지원을 하면서도 창작 자체를 부당하게 지배하려고 하지는 않으며 작품 구입도 전체 작품 수에 비하면 극히 적은 수량에 그치고 있다. 미술 시장에 기록된 전체 판매 물량에서 국가가 구입하고 주문한 작품 비중은 채 10%가 안 된다.

문화 교육 문제에 있어 국가는 직접 많은 교육 시설을 운영하고 있으며 주로 조형예술과 음악 교육에 치중되어 있다(에콜 뒤 루브르Ecole du Louvre, 국립문화유산학교Ecole nationale du patrimoine, 국립 음악 콩세르바투아르Conservatoire national de musique, 에콜 데 보자르Ecole des Beaux-arts, 장식 예술 에콜Ecole des Arts décoratifs……). 국가의 문화 교육은 오디오비주얼 분야에서도 활발하게 이루어지고 있다(FEMIS, 유럽영상음향직종재단Fondation européene des métiers de l'image et du son). 국가는 학위나 자격증 취득 조건을 정하고 예술 교육 과정을 다듬는 역할을 한다. 문화부는 문화 예술의 감성화 영역이나 예술사, 예술 연구 등의 분야에서 자칫 교육부와 충돌할 수 있는데 이 경우 문화부는 대체적으로 교육부에 양보를 하고 있다. 예술사가들은 대학에서 양성되며 예술가들은 예술학교들에서 성장한다. 이 이분법 혹은 갈등은 프랑스에서만 볼 수 있는 현상인데 많은 다툼과 지연의 원인으로 지목되곤 한다.

문화 분야에서 국가가 맡은 중요한 역할들 중 하나는 문화의 민주화와 관련되어 있는 역할이다. 이 영역에서 국가는 다양한 방식으로 개입한다. 대규모 문화시설을 건축하는 것이 가장 대표적인 방식인데, 도서관, 박물관 등은 물론이고 대중들에게 창작의 길을 열어주는 문화시설도 짓는다. 하지만 이런 시설들은 사회적, 경제적 부담도 고려해야 하기에 늘 반대에 부딪치곤 한다. 대중을 문화예술에 민감하게 만들고 정보를 제공하는 기능을 수행하는 전시와 교육 등을 조직하는 각종 협회들에 대한 정부 지원도 국가의 중요 업무 중 하나다. 이 영역에서 문화부는 예전과는 달리 유포와 창작에 있어 거의 검열을 하지 않는다. 정부는 또한 불우한 환경에 처한 대중이나 소수자들을 위해 특별한 조치들을 강구하기도 한다. 예를 들면 시외 지역, 이민자 집단, 불우 아동 등이 특별한 문화 지원 대상들이다.

인터넷을 통한 불법 다운로드와 불법 복제와 싸우기 위

해 국가는 2009년 HADOPI 법을 제정했다. 이를 통해 국가는 예술가들의 저작권을 보호할 수 있게 되었으며 인터넷을 통해 작품을 불법 다운로드하는 이들을 처벌할 수 있게 되었다. 그런데 이 조치는 전체적인 라이선스를 주장하는 이들로부터 이의제기를 당하고 있으며 나아가 실행하기가 그리 쉽지 않다는 문제점도 갖고 있다.

3. 지원 주체로서의 국가 —국가는 직접 경영과 운영을 맡을 수도 있고(국립박물관, 국립도서관, 국립 오페라 등) 혹은 지자체에 지원금을 주는 방식을 택할 수도 있으며 나아가 대중들의 힘을 전달하는, 1901년 법이 정한 각종 협회들과 협업을 할 수도 있다. 또 어떤 때는 개인들에게 직접 보조금을 나누어줄 수도 있다. 국가의 보조금 지원은 국가와 지자체의 교차 지원이 가능하며 이 제도는 문화 정책의 핵심이다.

보조금 지급 방식은 다양하다. 항상 작업에 소요되는 전체 예산을 고려하여 책정되는 보조금 비율도 작업이 한 기관의 투자에 관련된 것인지 아니면 기구의 운영에 관한 것인지 혹은 사전 계획된 것인지 등에 따라 다양하게 결정된다. 그때그때 닥치는 대로 보조금이 책정되는 경우는 이제는 거의 찾아볼 수 없다. 대략 10여 년 전부터 지자체에 대한 보조금 지원 정책은 오늘날로 올수록 중장기적인 관점을 따르게 되었기 때문이다. 이를 통해 문화부 내의 여러 부서들이 집행하는 다양한 지원들을 프로젝트별로 재조정할 수 있게 되었으며 동시에 문화부 내의 서로 단절되어 있던 여러 부서들도 그 단절로 인해 겪던 불편함을 해소할 수 있었다.

국가는 어떤 프로젝트의 질이 일정 수준에 부합하고 프로젝트 자체가 선한 목적을 갖고 있어야만 지원을 한다. 이런 측면에서 보면 지자체들은 어떤 프로젝트가 이런 지원 조건들을 갖추도록 하고 나아가 제대로 그 조건들을 충족하는지를 파악하기 위해서 문화 공학의 도움을 받을 수 있다.

국가의 지원 정책은 기타 다른 성격의 공공 자금을 유인하는 효과를 가져오기도 한다. 전체 예산의 20% 혹은 30% 정도를 국가로부터 지원받은 한 프로젝트는 국가 지원을 받았다는 사실만으로도 각급 지자체로부터 별도의 지원을 받을 수 있어 전체 소요 예산의 80%에서 70%를 지원금으로 충당할 수 있다. 국가로부터 일단 지원을 받고, 그 이후 지역, 도, 시 순으로 내려가며 지원을 더 받을 수 있는 것이다.[2] 정부의 문화 지원에는 이렇게 국가, 지역, 도, 시 등 네 행위자들이 참여한다. 그래서 지원이 복잡하다는 인상을 받게 되고 관료적이라는 비난도 받곤 한다. 하지만 중복되는 이런 지원은 문화 예술 행위들의 필요성과 신뢰성을 주장하고 보장하는 아주 좋은 방법이기도 하다. 사실 많은 지자체의 선출직 장들과 의원들 중 문화 예술에 우선권을 두는 이들은 거의 없다. 국가가 나서야 하는 이유가 여기에 있다.

이때부터 지원 정책을 펴는 국가는 단순히 한 프로젝트를 지원하는 것만이 아니라, 시민들과 가장 가까이서 일을 하는 지자체들의 문화적 개입을 공고하게 만들고 반복되도록 도우며 나아가 그 질도 보증하는 역할을 수행하게 된다. 말단 행정 단위인 시들은 문화 프로젝트 운영에 없어서는 안 될 통로 역할을 한다. 국가는 지원을 함으로써

2 프랑스 행정 구역 구분은 국가Etat, 지방région, 도département, 시commune로 이루어져있다. 이외에 선거나 환경 문제 등으로 다른 행정 구역 구분이 있으나 대체적으로 이 구분을 따른다.(옮긴이)

지자체들에게 문화 투자의 방향을 설정해 주며 동시에 원활하게 집행이 이루어지도록 유도하는 것이다. 국가는 이러저러한 창작을 지원하고 지나치게 많은 비용이 소요되거나 불필요하다고 판단되는 프로젝트에는 제동을 걸 수도 있다. 이런 경우 국가는 심판하는 위치에 서게 되는 것이며 동시에 국민들의 혈세가 유용하게 사용되고 있다는 것을 보증해 주는 역할도 하는 것이다.

국가의 문화 지원 역할에서 두 번째로 중요한 분야가 각종 협회들에 대한 지원이다. 우선 모든 협회를 같은 것으로 보지 말고 구분해야 할 것이다. 크게 두 가지로 대별할 수 있는데, 공권력을 무력화시키는 협회들이 있는 반면 진정한 의미의 민간 주도로 이끌어 나가는 협회들이 있다. 공권력을 분열시키고 무력화하는 협회들은 우선 그 수가 많다. 그 이유는 문화 활동이 공공 기금을 사용하여 큰 이익을 낼 수 있는 상당한 자유를 누리면서도 제재가 가능한 아무런 법률적 근거를 갖추고 있지 않았기 때문이다. 하지만 2002년 1월 4일 이후에는 법적으로 문화적 성격의 공공 기관(EPCC. Etablissements publics de caractère culturel)을 설치할 수 있게 되었다. 그러나 이 조치를 통해 굳이 법적 구속을 받아가며 예산을 지원받을 필요가 없다는 것이 드러났다. 출처가 다양한 자금들을 모을 수 있는 협회의 구조가 얼마든지 스스로의 힘으로 예산을 마련할 수 있기 때문이다. 예를 들어 국립 사진 센터는 전체 예산의 50% 이상을 차지하는 정부 지원 이외에도 전시회를 개최하거나 책을 출간하는 등의 방법으로 자체 수익을 올리고 있으며 이 자체 수익을 통해 사진 센터는 독자 수익과 함께 조직의 자율성을 확보할 수 있었다. 개인들이 모여 결성한 민간 협회들은 프로젝트를 기준으로 재정 지원을 받는다. 민간 협회에 대한 국가의 개입은 이런 협회를 대체하는 것이 아니라 민간 주도를 활성화시키고 새로운 혁신을 장려함으로써 기존의 행정 체계 자체를 고치는 데에 목적이 있다고 할 수 있다.

마지막으로 국가는 문화를 지원하면서 수당 형태의 보조금, 장학금, 포상금, 연수 및 기타 유사한 형태의 지원 프로그램 등을 통해 창작자와 대학생들을 지원하고 있다.

비유를 들자면 이 모든 국가 지원은 시장 원리 속에서 자라나야 하는 문화 예술이라는 이름의 나무를 살리고 꽃피우는 수액이다. 하지만 이런 부정할 수 없는 장점만이 아니라 그 반대되는 어두운 측면도 있다. 그 중 하나가 바로 공식 예술, 즉 어용 예술의 가능성이다. 지원을 받기 위해서는 지자체나 협회나 모두 문화부가 내걸거나 옹호하는 가치 코드에 복종해야만 한다. 정해진 규범에 자신을 맞추는 것인데 이는 문화부의 입장에서 보면 문화 정책의 일관성을 확인시켜 주는 것이다. 그러나 지원 수혜자 입장에서 보면 예술가 개인이나 협회의 것과는 일치하지 않는 예술적 문화적 선택을 강요당하는 것이 될 수도 있다.

국가의 지원 역할이 마주치는 두 번째 한계는 지원 규정들 속에서 찾아볼 수 있다. 이 지원 규정들은 대부분 경제재정부에서 마련한 것들로 지원금의 합리적인 운용을 염두에 둔 것이다. 지원금 사용은 투명하게 이루어져야 하며 통제가 가능해야 한다. 이는 당연히 지켜져야 할 지적이지만 그러나 문화 부문에서의 지원금은 우선 금액이나 지원 방법과 분양에 있어 상당히 다양하기도 하지만 "위원회 결정이라는 익명성" 뒤에 숨어있는 경우가 자주 발견되곤 한다.

따라서 문화 정책은 비정상적인 것의 정상화를 지향해야 하며 지원 수혜자들의 약속이나 맹세에도 불구하고 그들을 믿지 말고 실험적인 것, 처음 시도되는 것, 예기치 못한 모든 것을 경계해야만 한다. 처음 시도되는 것이라고 하면서 지원금을 더 달라고 하면 그대로 더 줄 것인가? 문화 정책이 유행의 희생자가 되는 경우가 자주 있다. 문화 정책은 정치만큼이나 변화무쌍한 것이고 우연과 우여곡절투성이다.

따라서 핵심적 공공 정책을 시행할 때 다음과 같은 세 가지 정도를 지켜주길 바라게 마련이다. 우선 무엇보다 먼저 정책 결정이 지금보다 더 탈중앙집권적으로 이루어지기를 바란다. 두 번째는 민간 기업의 참여가 좀 더 늘어나기를 바란다. 마지막으로는 비현실적인 이야기겠지만 공공 기관과 단체들이 정치권의 눈치를 조금 덜 보면서 확대된 자율성을 누리기를 바란다.

4. 지원 주체인 국가의 평형추: 탈중앙집권화 —1982년과 1983년에 통과된 지방자치법에도 불구하고 문화 정책의 운영 방식은 거의 변하지 않았다.[3] 문화부는 교차 재정 지원을

---

3 정치가인 다페르의 이름을 따서 다페르Defferre법으로 알려진 탈중앙집권법 Loi de décentralisation은 미테랑 정권하의 1982년, 1983년 이후는 물론이고 2000

유지하면서, 지방자치법에 의해 지자체들에게 문화 관련 행정 권한 전체가 양도되는 것에 맞서 반대를 했다. 이런 갈등은 최종적으로 국가의 권한 중 역사 아카이브와 대출 전용 도서관의 권한을 도 단위 지자체에 이관하는 것으로 매듭이 지어졌다. 나머지 영역에 있어서 지자체는 자유롭게 개입을 선택할 수 있다. 즉 개입할 수도 있고 중앙정부의 안을 그대로 따를 수도 있다. 하지만 어떤 경우든 국가의 지원을 받기 위해서는 모든 지자체들이 국가와 계약을 맺어야만 했다. 지방자치단체가 다양하기 때문에 지원은 교차, 중복되어 이루어질 수 있었고 이를 통해 한 문화단체가 국가의 지원을 포함해 여러 번 지원을 받을 수 있었다. 국가의 지원을 받는 경우 국가의 개입이 권력 남용에 이를 정도로 과도할 경우에는 지자체가 대신 지원을 함으로써 국가의 개입을 막을 수 있게 되었다.

교차 재정 지원의 불편한 점은 지원의 속도가 느려지고 협상 과정을 거쳐야 하며 결국 타협을 해야 한다는 데

년대 들어서도 여러 번 추가 입법이 이루어진다. 프랑스는 전통적으로 "하나의 나눌 수 없는 국가République, une, indivisible"를 표방하며 강력한 중앙집권 체제를 유지해온 국가다.(옮긴이)

에 있는데 이는 예술 창작에는 결코 긍정적인 것들이 아니다. 따라서 프로젝트들이 대동소이해지는 결과가 발생하곤 한다.

말단 행정 단위인 동(코뮌, commune)은 모든 것의 종착점이기도 한데, 문화 정책에 있어서도 마찬가지이다. 거의 모든 문화시설들을 통해 다양한 문화 활동이 이루어지는 곳이며 문화를 직업으로 하는 이들과 대중들 사이의 만남이 이루어지는 곳이기도 하다.

도(데파르트망, Département)의 책임은 동보다 훨씬 작다. 대출 전문 도서관과 기록물 이외의 분야에서 도는 완전히 자유롭다. 다시 말해 개입해도 되고 안 해도 된다. 그래서 일부 도에서는 음악학교를 운영하기도 하고 다른 도에서는 박물관을 설치하기도 하고 또 어떤 도는 연극을 지원하기도 한다. 도 단위에서 이루어지는 이런 다양한 분야의 지원은 동 단위의 다양한 분야에 대한 지원과 대비된다.

마지막으로 가장 큰 지자체 단위인 지방(레지옹, Région)의 문화 개입은 상대적으로 가장 적다. 이는 지역 단위 지자체가 형성된 역사가 짧기 때문에 이해할 수 있는 일이다. 그럼에도 현대 예술 지역 기금이나 혹은 지역 관현악

단 등에서 보듯이 일부 영역에서는 꾸준한 지원 정책을 펴고 있다. 전체적으로 보면 지역 단위의 지원은 동 단위에서 기획하는 프로젝트들에 대한 보조 지원의 성격을 갖고 있다.

세 지자체 단위인 동, 도, 지역은 이렇게 기본적인 문화 활동을 지원하는 재정의 대부분을 부담한다. 따라서 한 문화 활동의 기획에서부터 집행에 이르기까지 이들이 주도하게 된다. 문화부의 역할은 프로젝트를 기획하는 것이 아니라 지자체들의 제안을 승인하거나 또는 시기상조거나 비용 부담이 큰 경우, 불필요하다고 생각되는 경우 등에는 제안에 제동을 거는 것이다. 실제로 문화부가 손에 쥐고 있는 방편들이 많기는 하지만 지역의 요구를 다 수용하기에는 언제나 모자란다.

지방 분권화가 정치적으로 행정적으로 활성화되면서 역설적이게도 문화 분야에서 국가의 역할이 커졌다. 국가는 따라서 자기가 행사할 수 있는 예산 지원이라는 방편을 지자체들에게 이양하는 것을 결코 서두르고 싶지 않았다. 국가는 예산 지원 권한을 이렇게 간직함으로써 두루 인정받은 문화 활동들을 지자체들에게 널리 권하는 역할을 할 수 있었다. 문화 공학은 국가의 지원을 많이 받는 부유한 지자체들에게는 동반자 역할을 할 수 있고, 반대로 가장 지원을 받지 못하는 지자체들에게는 발전을 북돋우는 개발자 역할을 한다.

문화부의 내부 조직에 끼친 롤프LOLF 법의 영향은 2008년 5월에 나타났다. 기존에 있었던 문화 영역별 부서들은 사라지고 대신 규모가 커진 세 개의 부서와 총 사무국이 자리를 잡았다.

- 프랑스 문화유산 총국direction générale des patrimoine de France: 고문서, 박물관, 기념물 문화재, 고고학
- 창작 유포 총국direction générale de la creation et de la diffusion: 조형예술, 음악, 무용, 연극 및 공연
- 미디어 및 문화 산업 발전 총국: 구 미디어 발전국에 새롭게 문화 산업 관련 부서들을 추가한 부서
- 총 사무국secretariat general

그러나 한 가지 의문이 남는다. 즉, (2008년 4월 17일, 문화부 장관인 크리스틴 알바넬이 물었듯이) "문화와 홍보 분야에

서 일하는 전문 직종인들이 새롭게 개편된 각 총국 내에서 자신들의 이야기를 이해하고 들어줄 수 있는 관료들을 만날 수 있는지" 의문이 남는 것이다. 사실 초행정적인 성격을 띤 문화부의 이런 조직 개편이, 직종인들과 예술가들이 이런 개편된 조직 내에서 어떤 위치를 차지하는지에 대한 고민 없이 직종인들과 문화부 사이에 공연히 이전에 없던 벽을 하나 더 추가한 것은 아닌지 우려하는 목소리가 있는 것이 사실이다.

II. 문화 시장의 역할

문화 시장은 문화적 재화와 서비스를 생산하는 생산업자와 유통업자가 시장 가격에 이 재화와 서비스를 공급 및 소비하는 시장을 지칭한다. 이 시장에는 민간업자들이 활발하게 참여하지만 원가에도 미치지 못하는 가격으로 재화와 서비스를 제공하는 공공 생산자와 유통업자들도 존재한다. 따라서 문화 시장을 민간 부문으로만 한정해서 보지 말아야 한다.

1. 차분한 시장 ―국영 체제와 민영 체제가 공존하는 혼합 경제를 채택하고 있는 프랑스에서 민간 문화 시장 역시 공공기관들의 개입(국가의 재정 지원을 받는 극장, 전시장, 박물관, 도서관 등)으로 인해 안정된 차분한 상황을 유지하고 있다. 민간 시장의 가격 결정 시스템에 의해 언제든지 위축, 왜곡될 수 있는 문화 소비가 보호되는 측면이 있다. 국가 지원을 받는 연극, 오페라, 전시회, 박물관 등이 모두 이 경우에 해당한다.

크게 눈에 띄지 않게 진행되기도 하고 때론 비밀리에 이루어지기도 하는 탓에 잘 알려지지 않고 있지만, 이 시장은 2005년의 경우, 382억 유로에 달했다. 대략 120억 유로 정도로 추산되는 가장 큰 비중을 차지하는 부분이 오디오 비주얼 관련 설비와 서비스인데 그 중에서도 TV 분야가 84억 유로를 차지하고 있다. 이어 74억 유로의 언론과 35억 유로의 도서 출판이 뒤를 잇는다. 영화 시장은 11억 유로 정도이며 공연 시장 규모가 대략 36억 유로다. 영화 유통(DVD 기준) 규모는 20억 유로에 달한다.

문화 시장의 특징들 중 하나는 시장 내부의 경계가 모호하고 자의적이라는 것이다. 예를 들어, 텔레비전 방송을 순수하게 문화적 생산으로 볼 수 없는 반면, ARTE 사의 모든 지출은 문화적인 것으로 간주되어야 한다.[4] 텔레비전과 마찬가지로 신문, 잡지 역시 전체적으로 문화적 성격을 지닌 것인지 회의가 든다.

각 분야별 수익성은 상당히 큰 편차를 보인다.

큰 수익을 내는 분야는 민간 TV 방송, 출판, 영화 제작, 미술 시장 등이며 다는 아니지만 성공한 일부 연극과 음악과 버라이어티 쇼 등이 비교적 높은 수익을 낸다. 반면 연주회, 페스티벌, 정부 지원 연극, 오페라, 박물관, 도서관, 회화 전시회 등은 수익이 남지 않는 분야들이다. 예외가 있다면 철저하게 상업적인 각종 산업 박람회들이 문화적으로 수익을 내고 있다는 점이다.

공공 기관들의 개입으로 인해 시장의 자율성이 침해되고 큰 변화가 생겼다. 예를 들어, 박물관 입장료를 보면, 투자 대비 감각상각비는 물론이고 기본적인 운영비 등을 고려하면 입장료는 박물관에 따라 150유로에서 많게는

---

4 아르테ARTE는 Association relative à la télévision européenne의 약자로 1991년 프랑스와 독일이 공동으로 만든 유럽 문화 방송국이다. 본부는 스트라스부르에 있으며 프랑스는 Arte France, 독일은 Arte Deutschland TV가 담당한다.(옮긴이)

250유로로 아주 높게 책정되어야 하지만 이 정도로 높은 입장료를 받으면 아마도 박물관에 들어오는 사람은 없을 것이다. 마찬가지로 파리 오페라 역시 정부 지원이 없으면 싼 경우는 150유로 대작인 경우는 300유로까지 입장료를 받아야만 한다. 따라서 공공 문화시설이나 기관들에 대한 정부 지원은 대중들의 문화 접근을 보장하는 장치 역할을 한다. 나아가 정부 지원은 예술 작품의 창작과 유통을 보호하며, 만일 정글의 법칙과도 같은 시장의 원리에 맡겨둘 경우 생존 자체가 어려운 문화 예술을 살리는 더 중요한 역할도 수행한다. 궁극적으로 보면 문화 유산을 보호하는 역할을 하는 셈이다.

미국인인 보몰의 주장에 따르면, 한 국가의 산업이 발달하면 할수록 그 나라의 공연 예술들은 더 큰 적자를 기록할 수밖에 없다고 한다. 이런 변화는 기계화나 기술 혹은 단순 노동과 같은 것으로 대체하거나 축소할 수 없는 모든 공연 예술에서 발생하는 상대적인 생산성 저하의 결과다.[5] 가창, 연주, 연기 등은 생산성 측면에서 향상을 기

---

5 보몰 비용 병리 혹은 보몰 효과(Baumol's cost disease or Baumol effect)는 한 기업 혹은 조직 구성원의 보수가 노동생산성 향상에 비해 과도하게 인상되는 현상

대할 수 없는 영역들인 것이다! 그러나 이런 예술 활동들에 대한 보수는 조직이나 해당 분야 전체의 평균 수익이 상승함에 따라 함께 상승하게 마련이고, 따라서 갈수록 공연 전체의 수익성은 악화하기에 이른다.

첨단 테크놀로지들에 의지함으로써 오히려 생산비용이 더욱 늘어나는 것이다. 이 모든 경우에 있어 유일한 해결책은 정부의 공적 지원밖에 없다. 아니면 모두 문을 닫아야 한다.

정부는 시장의 원리를 그대로 방치할 경우 발생하는 시장의 쏠림과 독점을 상쇄시키기 위해서도 시장의 자유에 일정한 제한을 가할 필요가 있다. 1981년에 만장일치로 채택된 도서 단일 정가제가 좋은 예가 될 것이다. 대형 서적 유통사들이 시장을 거의 독점하는 것을 막는 데 이 정가제의 목적이 있었다. 만일 단일 정가제가 없었다면 문화의 활기를 유지하는 귀중한 역할을 하는 중소 서적상들

을 가리킨다. 1960년대에 보몰(William J. Baumol)과 보웬(William G. Bowen)에 의해 주장된 것으로 제조업 부문의 생산성은 자동화(automation) 등의 혁신에 의해 급격하게 증대하고 있으나, 인간의 직접적 노동에 의존하는 서비스 분야의 생산성 향상은 불균형적으로 더디기 때문에, 따라서 감축되지 않고 살아남은 인력의 보수는 늘어나게 된다는 것이다.(옮긴이)

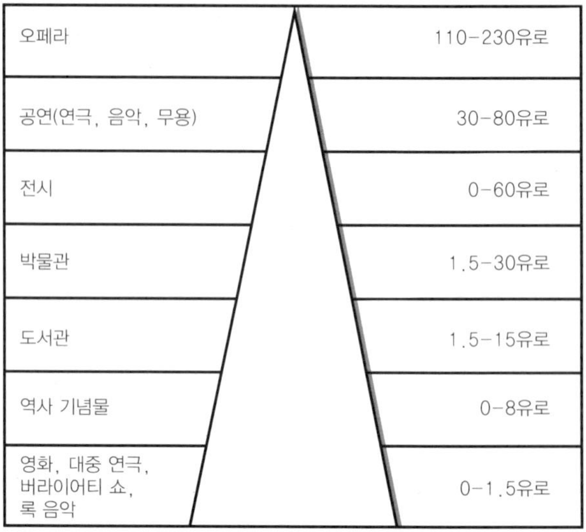

그림9. 분야별 공공 지원 피라미드

은 다 죽어 나갔을 것이고 뿐만 아니라 문화 창작을 보호하는 데 필수적인 중소 출판사 역시 고사하고 말았을 것이다.

도서의 경우와 마찬가지로, 정부는 국립영화센터(CNC, Centre national de la cinématogtraphie)를 만들어 영화 영역에도 개입했는데, 공공 기관들로 하여금 지원을 하라고 독려하거나 혹은 심지어 폐쇄 위기에 처한 영화관을 매입하게 하기도 했다. 문화 시장의 위기로 인해 1992년 이후 국가는 작품을 구입하는 등의 방법으로 일부 화랑에 지원을 하기도 했다. 특히 FIAC가 열리면 이런 지원을 아끼지 않았다.[6]

문화 시장은 국가의 개입이 민간 시장의 과도한 자유를 완화시킬 수 있는 혼합 경제의 한 좋은 예가 될 수 있으며 나아가 "문화적 예외exception culutrelle"의 사례이기도 하다. 문화적 산물은 일반 생산품과 같은 종류의 산물이 아닌 것이다.[7]

2. 확장하는 문화 시장 —문화 소비 전체를 금액으로 환산해서 문화 시장을 살펴보면 문화 시장이 프랑스 국내 총생산에서 차지하는 비중은 3.8% 정도이며 성장세는 건강 관련 지출보다 낮다.

---

6 피아크FIAC(국제 현대예술시장, Foire internationale d'art contemporain)는 1974년 이후 매년 10월 파리에서 열리는 현대미술 마켓이다.(옮긴이)

7 문화적 예외(exception culturelle, cultural exception)는 일반 상품의 국제 거래와 달리 문화의 경우 예외를 허락하자는 주장으로 GATT, WTO 등에서 꾸준히 주장되어온 이론이다. 프랑스는 1993년 유럽 내에서도 가장 먼저 강하게 이 주장을 편 나라다. 예를 들어 방송이나 영화에서 프랑스어 사용을 일정한 범위 내에서 의무로 지정하는 등의 조치로 할리우드와 영어권 문화 영화의 유입에 맞서기도 했다.(옮긴이)

하지만 문화 시장의 앞으로의 발전 전망은 밝다고 볼 수 있다. 우선, 모든 사람들이 의무적으로 교육을 받아야 하는 오늘날 이는 문화 시장의 잠재 고객을 증대시키는 요소임에 틀림없다. 두 번째로는 생활 수준이 향상됨으로써 각 가정이 이전보다 더 많은 돈을 문화 소비에 지출할 것이다. 마지막으로 문화 시장의 전망을 밝게 볼 수 있는 가장 중요한 이유는 노동 시간의 단축과 점점 길어지는 은퇴 후 생활 시간을 꼽을 수 있는데 이는 문화에 할애할 수 있는 시간이 늘어났음을 의미한다.

프랑스인들의 문화 생활에 대한 조사를 보면 증가된 구매력과 시간적 여유는 대부분 오디오비주얼 활동에 할애되는 것을 알 수 있다. 조금 더 구체적으로 살펴보면, 1980년에서 1997년까지의 변화를 보면 이 사이에 각 가정의 문화 활동비가 6배 증가했으며 인터넷을 중심으로 한 오디오비주얼 활동이 근로 활동을 하는 사람들의 시간표에서 가장 많은 시간을 차지하고 있다고 나와있다. 문화 시장이 확장되는 것은 대세이지만 그렇다고 문화 활동에서 드러나는 심각한 불평등이 그대로 유지되고 있다는 사실을 잊어서는 안 될 것이다. 이 심각한 불평등은 사회적, 직종별 차이들과 큰 차이 없이 중복된다. 물론 오디오비주얼 기기나 서비스를 통해 문화 공급이 다양화되어서 대중이 확장되는 결과를 예측할 수는 있지만 불평등은 사라지지 않고 있다.

문화 활동은 또한 세대 현상에 의해서도 큰 영향을 받는다. 대중음악이 가장 대표적인 예가 될 것이다. 1970년대에는 "팝 뮤직"이라고 불렸지만 지금은 별도 수식어 없이 "현재의 음악"이라고 부른다. 음악을 듣는 것을 예전에는 젊은 층만의 현상으로 간주했지만 이제는 좀 더 나이가 많은 계층으로 확대되었으며, 이는 이어폰을 귀에 꽂고 다니던 이전의 젊은 세대들이 나이가 들어서도 그 습관을 그대로 간직하고 있기 때문이다. 문화 공급이 늘어나고 배포 방식 또한 갈수록 탈물질화되면서 문화 시장의 활기를 좌우하는 원동력들을 변화시키고 있다. 예를 들면 문화 향유를 넘어서서 소유하고 싶은 욕망과 문화적 대상의 상징성 등에 변화가 일어난 것이다. 예를 들면, 이제 책은 많은 문화 상품들 중 하나에 지나지 않는다. 책을 구입함으로써 TV나 인터넷에서는 얻을 수 없는 문화 욕구를 충족시킬 수 있다는 책이 갖고 있던 일종의 헤게모니는 이제 거의 사라진 것이다(포켓판이 장악한 서가들, 슈퍼마켓에서 팔리는 책들, 책 바겐세일……)

책, 음반, 회화나 조각 작품들의 레플리카 등 문화 자산들은 가정을 비롯한 어떤 문화적 공간들에서 소비되는지에 따라 큰 차이를 보인다. 문화 산업이 발달하고 오디오비주얼 형식의 문화 공급이 급격하게 늘어나면 집에서 즐기는 문화 소비가 늘어날 것이라고 예상을 했었다. 예를 들어 홈시어터 등의 단어가 말해주듯이 각자 자기 집을 문화 향유와 문화 동화(同化, acculturation)의 공간으로 만들 수 있을 것 같았다. 하지만 사실은 그렇지 않았다. 사람들이 생각과는 달리 집 안에만 머물러 있지 않았던 것이다. 프랑스인들은 외출을 즐겼고, 특히 친구들끼리 모여 함께 하는 외출을 즐겼으며 외부에서 예술을 즐기는 활동도 전혀 줄어들지 않았다.

문화 시장이 확대된다는 것은 따라서 다양한 현실들이 복합적으로 작용한 결과이기 때문에 전모를 파악하기가 결코 쉽지 않다. 따라서 이 다양한 현실들을 모두 심도 있게 연구하고 정확한 통계를 통해 객관적으로 접근해야 한다. 문화 공학은 바로 이런 연구에 도움을 주는 분야다. 따라서 문화 공학에서는 문화 시장의 가장 중요하고 거대한 영역들을 연구해야 하지만 동시에 취약함을 숨기고 있는 곳도 간과해서는 안 된다.

3. 연약한 시장 —문화 자산은 크게 세 유형으로 분류가 가능하다.

— 문화 환경이 만들어 내는 제품들: 그대로 반복 재생산해 낼 수 있는 생산물들로 CD 플레이어, 악기, 사진기, 컴퓨터, 아이폰 세대들의 다용도 포터블 기기들, 디지털 태블릿 등
— 산업화가 가능한 문화 제품들: 음반, DVD, 책, 스트리밍, mp3 등
— 원래 의미의 예술적 제품들: 조각, 회화, 복합 장르 작품들

첫 번째와 두 번째 유형에 속하는 제품들에 있어서 문화 시장은 수백만 개의 물건과 콘텐츠를 제작해 내다 팔 수 있다. 반면 세 번째 유형의 제품들에 있어서 문화 시장

은 훨씬 특이한 방식으로 움직인다. 실제로 세 번째 유형에 속하는 예술 작품들의 가치는 수요와 공급의 법칙에 의해 결정되기보다는, 산술적 측정이 상당히 어려운 일종의 프리미엄에 의해 결정된다. 이 프리미엄은 작품의 유일성과 작품의 가치에 대한 상대적 평가 등과 밀접하게 연결된 가치이다.

문화 제품들의 생산은 오디오비주얼, 서적 등에서 보듯이 대기업들에 의해 이루어지며, 석판화나 주물 조각 등의 경우에는 장인들에 의해 소규모로 생산이 이루어진다. 대량생산과 장인 공방의 소규모 생산 사이의 대비는 현저한 것인데, 그럴수록 대량생산을 하는 기업들은 문화 시장에 집중하면서 갈수록 시장에 종속될 수밖에 없게 된다.

문화 시장의 발달은 두 요인이 좌우한다고 볼 수 있다. 첫 번째 요인은 예술 작품과 나아가서는 문화적 물건들의 재생산성이며, 두 번째 요인은 첨단 기술의 활용 증가다. 따라서 창작에서 생산으로 이어지는 과정이 한층 중요성을 띠게 되며 그만큼 집중적인 자본 투자와 산업적 생산 체제 구축이 요구된다. 그 대상이 음반이든 책이든, 문화적 생산은 여러 복잡한 참여자들의 개입이 있어야만 가능하고 참여자들은 갈수록 늘어나기 때문에 누가 만들었는지 창조 주체가 모호해진다. 크리스티앙 피노와 베르나르 아르노의 명품 제국, 문화 사업, 예술 작품 컬렉션 등을 보면 쉽게 알 수 있다.[8]

예술품 그 자체는 아니지만, 명품으로 불리는 예술적 제품들은 수가 제한되어 있어서 희귀할 수밖에 없고 산업화된 대량생산과는 전혀 다른 논리의 지배를 받는다. 이 희귀성은 가격 형성에 핵심적인 역할을 한다. 예술적 제품들은 사실 가격이 아주 "탄력적"이며 생산도 많이 이루어질 수도 있고 아니면 상당히 줄어들 수도 있다. 바로 이 점에서 일반 문화 상품과 예술적 상품(즉 명품)이 차이를 보이는 것이다. 예술적 제품들의 힘과 연약함 모두 이 특

8 피노(François Pinault, 1936-)는 프랑스 재벌로 언론, 명품, 유통, 건축, 스포츠 분야 등에 수많은 회사를 거느리고 있으며 현대 예술 컬렉터로도 유명하고 베네치아에 갤러리도 운영하고 있다. 구찌, 입생로랑, 부쉐론, 보테가 베네타 등이 그가 거느린 유명 명품 브랜드들이다. 아르노(Bernard Arnault, 1949-)는 일명 명품계의 나폴레옹으로 불리는 프랑스 재벌로 LVMH 산하에 대략 70여 개의 명품 회사를 거느리고 있다. 루이 뷔통 재단을 통해 50년 후 건물과 소장품 전체를 파리시에 기부채납하기로 하고 그린벨트 지역인 블로뉴 숲에 미술관을 설치해 운영 중인 예술 작품 콜렉터이기도 하다. 2018년 포브스 발표에 의하면 세계 네 번째 부자라고 한다.(옮긴이)

징에서 유래한다.

대량생산된 제품들을 파는 시장의 가격 하락이 장인들의 손길에 의해 제작된 제품들에까지 적용이 될 때 상황은 어려워지고 만다. 수익이 사라지기 때문에 장인들은 더 이상 활동을 할 수 없는 처지에 내몰리는 것이다. 오늘날 공예 분야에 닥친 위험이 바로 이것이다.

문화 소비는 상당히 주관적인 속성을 갖고 있다. 유행과 투기 등이 시장을 지배하곤 한다. 예술 시장의 경우가 가장 전형적이다. 1991년에서 1992년까지 예술 시장은 기록적인 가격을 보였다. 그러다가 1992년 6월 반전이 일어나 단번에 3배에서 4배에 달하는 가치 하락을 보이며 투자자들에게 손해를 입혔다. 새로운 가격 상승은 2000년대 초에 일어났고 10년이 지난 2010년에 다시 위기가 찾아왔다.

이를 통해 우리는 예술 생산품은 물론이고 문화 생산품 전체가 다른 제품들과 동일한 제품이 아니라는 사실을 알 수 있다. 따라서 문화 제품을 다룰 때에는 다른 관점에서 각별한 방법을 적용해야 한다. 문화 공학을 통해 문화 전반을 발전시키고 조정할 때 문화적 제품의 이 특이성을 적용할 수 있다.

문화 공학은, 누리꾼들이 원하고 있는 것처럼, "상품화"에서 벗어나 있는 혹은 벗어나려고 시도하는 문화 서비스들의 속성을 제대로 고려해야만 한다. 국민 총생산의 문화 부문에서 75% 정도가 상업적 영역에서 창출되지만 일정 수의 서비스들은 전혀 수익을 올리지 못할 것이며 비상업적 영역에 머물 것이다. 이런 분야들에는 일반 교육, 청소년용 예술 교육, 대중 독서, 박물관, 문화재 보호, 전위적 예술 창조, 과학 탐구 등이 포함된다.

정부가 개입하지 않는다면 이런 서비스들은 바로 사라지고 말 것이다. 이는 곧 문화 정책의 포기를 뜻하는 것이며 문화 시장을 맹목적이고 야만이 지배하는 문화 시장의 논리에 맡겨버리는 것이기도 하다.

4. 새로운 시장들 — 첨단 테크놀로지들의 등장은 얼른 보기와는 달리 예술 창조에 적지 않은 영향을 미친다. 1980년대에는 비디오테이프 녹화 및 재생 장치가 등장하고 이어 리모콘과 레이저 재생 장치가 등장했으며, 1990년대와 2000년대에 들어서자 1980년대 발명품들이 거의 모든

가정에 비치되었고, 그로부터 불과 5년 정도 후인 2005년에서 2010년 사이에는 멀티미디어와 인터넷이 폭발적으로 퍼지면서 인터랙티브 기기와 개인용 정보기기들이 모든 사람들의 손에 들리게 되었다(2011년 통계에 의하면 80%의 가정에 PC가 설치되어 있다고 한다).

이런 오디오비주얼 테크놀로지의 혁명은 문화에 다가가는 접근 용이성을 증대시킴으로써 문화 공급을 확대시켰고 이에 따라 새로운 문화 작동 방식들이 출현했다. 예를 들면 가상 박물관도 그런 사례들 중 하나고 전 세계 대형 도서관의 자료들을 검색할 수 있도록 된 것도 특기할 만하다. 그 외에도 음악과 영상 다운로드, VOD, YouTube, Dailymotion 등도 최근 등장한 새로운 문화 형태들이다. 대형 일간지들의 기사를 인터넷으로 검색해 볼 수 있게 되었는데 이로 인해 기사 구독이 무료라는 생각이 널리 퍼지고 말았다. 인쇄 문화에서 화면 문화로의 이행은 이루어지고 있는 셈인데 이 이행은 개인과 예술 작품 사이의 관계에 있어서도 본질적인 변화를 가져왔다. 사람들은 이제 집에서 언제라도 예술 작품에 접근할 수 있게 되었지만 동시에 이제 버튼 하나로 언제든지 채널을 돌릴 수 있는 상황에 노출되어 있다. 문화와 오락 사이의 경계가 모호해졌지만 상호 영향을 끼치며 한 곳에서 다른 곳으로 빠져나갈 수 있는 많은 구멍이 나 있는 것이다.

디자인과 산업 미학 영역 또한 새롭게 창출된 문화 시장이다. 디자인과 산업 미학이 이미 현대미술관에 들어와 소장품이 되어 있다는 사실을 잊지 말아야 할 것이다. 이는 말 그대로 시대의 징후다. 디자이너와 그래픽 디자이너들이 크게 증가했으며 어떤 물건에 대한 디자인은 일상의 도구들에 적용된 응용 예술로 받아들여지고 있다. 니자인은 취향과 감각을 형성하는 데 기여한다. 특히 가구, 의상, 미용, 자동차 등의 분야에서 디자인은 일상생활 속으로 새로운 미학이 들어와 자리를 차지하는 대표적인 분야들이다. 가장 활발한 활동을 하는 창작자들의 전체 상품 목록은 언제 어디서든 받아볼 수 있다. 오디오 비주얼 제품과 콘텐츠들이 그렇게 했듯이, 산업디자인의 대두는 문화적 향유와 소비 형태를 민주화 시켜놓고 있다.[9]

세 번째 언급해야 할 시장은 무대 장식과 연출 분야와

9 저자는 언급을 하지 않았지만, 흔히 짝퉁으로 불리는 가품들이 산업디자인의 민주화를 반영하면서 동시에 파괴시키는 요소일 것이다.(옮긴이)

함께 형성되어 발전하고 있는 시장이다. 프랑스어로 세노그라피scénographie로 불리는 이 공간 연출 분야는 넓게 보면, 주어진 제한된 장소 속에서 하나의 역사, 전통, 직종 등을 공간 연출을 통해 표출하는 기술을 말한다. 세노그라피는 많은 부분을 박물관 전시론으로부터 가져오지만 유일무이한 유물이나 작품을 다루는 박물관과는 다른 대상을 다루기 때문에 이 공간 연출학은 인공 구조물 등에 의존할 수밖에 없다. 공간 연출학은 멀티미디어 이벤트, 전시회, 공연 등에서 적용되고 있다. 라빌레트 과학산업촌(La Cité des sciences et de l'industrie de la Villette)을 구축하면서 얻은 경험들이 프랑스에서는 큰 역할을 했다.[10]

문화 시장에서 국가는 누구도 대신할 수 없는, 장려하고 때로는 수정하는 역할을 수행하지만 실제로는 매우 결정적인 역할을 한다. 제품과 서비스 공급이 수요 증가와 감소에 민감하게 반응하는 매우 유동적인 시장이면서 동시에 독창적인 시장이기도 하다. 공급이 유동적인 것은

10 저자는 언급을 하지 않고 있지만, 공간 연출학scénographie의 잘 알려진 사례로는 개·폐회식이 중요한 순간인 스포츠 이벤트를 들 수 있다. 갈수록 산업적, 국제적 이벤트가 늘어나는 추세에서 이 분야는 각광받는 분야이며 동시에 미학적, 공연 예술적 감각이 요구되는 분야이기도 하다.(옮긴이)

문화 시장에서 공급이 예기치 못한 혁신들에 의해 지배를 받으면서 동시에 유행과 취향의 변덕스러운 움직임에 의해서도 영향을 받기 때문이다. 그러나 공급은 동시에 예전에는 없었거나 예기치 못한 수요를 창출해 낼 수도 있다. 생각했던 것보다 수요 증가 속도가 느리다고 해도 시민이자 소비자인 일반 대중들의 가장 내밀한 속마음을자극하는 행위들이 이루어진다면 주관적이고 정서적 수요는 언제라도 증가할 수 있다.

자 이제 마지막 질문을 해볼 차례가 되었다. 문화부의 예산 지원이 사라지고 강력한 문화 시장만 존재한다면 이때에도 문화 예술 분야에서 가까스로 형성되어온 민간과 국가 사이의 균형이 계속 유지될 수 있을까? 균형이 계속 유지되려면 어떻게 해야 할 것인가? 2008년, 문화부 내에 새로운 조직인 "미디어와 문화 경제 발달 총국Direction générale du développement des medias et de l'économie culturelle"이 출범한 것도 이런 질문에 제대로 답을 하기 위해서였다. 이제 행정 조직은 갖추어졌다. 하지만 언제나 그렇듯이 정치가들이 올바른 선택을 해주어야만 할 것이다.

2부

문화 공학의 필요성과 적용 분야

3장

문화 공학의 방법론

문화는 하나의 시스템이며 또한 민관의 혼합 경제에 의해 움직인다. 문화의 이러한 구조와 작동 원리들에 대한 인식과 지식이 중요하기 때문에 문화 공학의 방법론을 정의함으로써 이런 인식과 지식에 도달할 수 있다. 이는 문화가 발달하는 과정에서 제기되는 여러 문제들에 해답을 제공하기 위해 필수적이며 나아가 그 결과를 평가하고 개선점을 제안할 수도 있으며 각종 프로젝트를 실현하는 데도 도움을 주고 무엇보다 예술 창작과 문화 생산 활동에도 기여할 수 있을 것이다. 사실 오늘날 창작은 갈수록 생산이 되어가고 있다. 다시 말해 문화 제품과 서비스 전체가 문화 기업들에 의해 기획되고 생산되며 보급 유통되고 있는 것이다.

문화 공학의 방법론에는 필수적인 각종 데이터들에 대한 지식, 특수 도구들의 활용 그리고 마지막으로 독립적인 문화 엔지니어들과 에이전시들인 오퍼레이터들의 개입 등이 모두 포함된다.

1. 문화 데이터에 대한 지식

대중들의 문화 생활이나 주요 문화 단체들에 의한 공공 문화 지출과 민간 지출의 규모와 관련된 체계적인 통계들이 작성되기 시작한 것은 불과 20년도 채 되지 않는다.

이 통계 작성은 대부분 1961년에 오귀스탱 지라르에 의해 설립되어 1993년까지 운영된 연구전망과(DEP, Département des études et prospectives)에서 이루어졌다. 이 과가 설립된 덕분에 문화부는 문화 데이터들을 과학적으로 분석할 수 있었다. 이렇게 해서 문화 사회학과 문화 경제학이 발달하게 된 것이다. 그러나 이 통계들은 전 기간에 걸친 것이 아니어서 아쉬운 점으로 남아 있다.

1. 국가의 문화 예산 —국가의 문화 예산 통계는 국가, 공공 기관, 기업, 가정 등 주요 문화 행위자들에 의해 집행되는 지출을 합산하는 것이 목적이다. 2004년의 예를 보면 전체 지출이 527억 유로에 달했다. 이 수치는 2011년에 오면 6백억 유로가 될 것으로 추산된다.

	1978	1993	2002	2004
1/국가	1.9	5.6	6.3	6.5
문화부(1)	0.8	2.5	2.6	2.6
타 부처들(2)	1.1	3.1	3.6	3.8
세금			0.1	0.1
2/지자체	2.1	4.9	5.5	5.25
1만명 이상의 시(3)			4.1	3.8
파리 이외의 시	1.8	3.6		
파리	0.1	0.3		
도	0.2	0.8	1.1	1.1
지역	0.03	0.2	0.3	0.35
공공 부문 합계	**4**	**10.5**	**11.8**	**12.02**
3/가정	17.1	25.9	35.8	37.5
4/기업	1.1	2.3	3	3.2
전체 합계	**22.2**	**38.7**	**50.6**	**52.7**

(1) 영화, 오디오비주얼, 도서 특별회계 포함
(2) 1993년에 계산 방식 변경
(3) 파리 포함, 인구 1만 명 이상의 시들만 계산

출처: 문화부 연구전망과(DEP)

도표10. 국가 전체의 문화 지출 내역.
1978년에서 2004년까지. 단위 10억 유로.

연구전망과(DEP)의 조사 결과에 변화가 있어서 일부 수치가 누락되었다.

A) 공공 기관들 공공 기관들의 문화 예산에서 국가의 몫은 그리 크지 않다. 그렇지만 문화부는 여전히 문화 분야에서 가장 중요한 파트너이다. 문화부 예산만이 아니라 교육부 예산의 일부도 문화 예산에 합산해야 할 것이다. 특히 대학 도서관 지원은 문화 예산에 속한다. 뿐만 아니라 외교부 예산의 일부도 문화 예산에 속한다(외국에서 지출되는 문화 경비 등). 나아가 텔레비전 채널의 문화 관련 프로그램들, ARTE 예산, 라디오 RFI 방송 지원도 문화 예산에 속한다.

이렇게 해서 2004년, 국가 문화 지출은 65억 유로에 달했다. 이 지출은 국가 전체 예산의 2%에 해당한다. 1% 남짓한 비율을 보이는 문화부 단독으로 지출한 예산과 비교하면 거의 두 배에 달한다.

a) 지방자치단체 중 가장 큰 단위인 지역의 개입은 상대적으로 다른 지자체에 비해 그리 오래 되지 않았으며 지원 의무에서도 자유롭다. 따라서 금액 상으로도 가장 미약하

며 연간 3억 유로 정도에 지나지 않는다. 지역 전체 예산의 2.4%에 해당한다.

b) 지역 다음으로 큰 도 단위 지자체에서의 문화 지원은 1976년 이후 상당히 큰 폭으로 늘어나는 추세를 보이고 있다. 문화 예산이 한동안 1%였던 것이 2002년에는 2.8%로 늘어났는데, 이는 약 11억 유로에 해당하는 금액이다. 대여 도서관 운영과 미디어텍 지원을 제외하면 도 단위에서 집행되는 문화 예산은 도서 대여를 함께 운영하는 도립 도서관(BDP, bibliotheque départementale de prêt) 등을 비롯해 시골 지역에 많이 할애되어 있다. 도서 대출은 비빌리오뷔스bibliobus로 불리는 이동 도서관 차량을 통해 이루어지기도 한다. 물론 예술 작업과 문화 활동에도 지원이 된다.

c) 시(혹은 동) 단위 문화 예산 지출은 2011년 기준, 1만 명 이상의 시만을 대상으로 살펴봐도 50억 유로 정도로 전체 문화 지출에서 가장 큰 비중을 차지한다. 시는 문화 측면에서 핵심적인 역할을 하는 행정 단위로서 평균 시 예산의 9% 정도를 문화 예술 분야에 지출한다. 파리의 경우만 해도, 2억 4,900만 유로 정도의 문화 예산을 지출한

다. 비단 파리만이 아니라 지역을 대표하는 지방의 대도시들 – 주로 지역의 수도 역할을 해온 대도시들 – 역시 파리 못지 않게 재정적으로 많은 노력을 기울인다. 주로 문화 유산 보존과 문화 예술 활성화를 위한 지원 및 창작 지원 등이 지원 대상들이다. 또한 여러 도시들이 미술관, 박물관을 설립 운영하고 있으며 이 시설들 중 일부는 국제적 수준을 갖추고 있다. 리옹, 생테티엔, 그르노블 등의 현대미술관, 아를에 있는 국립 사진학교Ecole supérieure de la photographie Arles, 마르세유의 국립 무용학교Ecole supérieure de danse Marseilles, 앙굴렘의 국립 만화 센터Centre national de la bande dessinée Algoulême, 루베의 노동 아카이브Archives du monde de travail Roubaix, 니스의 마티스 박물관Musée de Matisse Nice 등이 대표적인 사례들이다. 지역 단체들은 국가와의 파트너십 관계 속에서 국가의 문화 활성화에 핵심적인 역할을 하고 있다. 문화가 이렇게 점점 국가 전체로 확산되는 현상은 수도인 파리를 중심으로 이루어져 오던 기존의 오랜 전통과 파리의 헤게모니와 대비되는 새로운 현상이다.

이러한 지방의 문화 발전을 위한 지원 노력은 특히 지

방 대도시들에 집중되었는데, 스트라스부르는 전체 예산의 20%를 문화 예산에 투입하고 있으며 보르도와 낭시 같은 경우는 비중이 25%에 달한다. 이 비중은 시의 규모에 따라 점점 줄어든다. 이는 한 도시의 도시화 정도에 따라 문화 예산 비중이 달라진다는 것을 말해준다.

문화부의 통계(DEP)를 보면 공공 단체들의 지출이 어떤 문화 영역에 어떻게 분배되었는지를 알 수 있다. 대부분의 지역들은 공연 분야와 음악과 미술 교육에 많은 지원을 했다(2002년 인구 1만명 이상의 시들을 살펴보면, 이 분야는 각각 37.5%와 20% 비중을 보였다). 그 다음으로 비중이 큰 분야가 도서관 지원(16.8%), 기타 복합적 성격의 문화 행사들(16.3%)이 뒤를 이었다. 10% 미만의 낮은 지원을 받은 분야들에는 박물관(8.2%), 특별 행사(2.9%) 등이 있다. 이를 지역 단위에서 살펴보면 문화 활동 지원이 41.7%를 차지하고 예술 공연(무용, 연극, 연주회 등)에 36.5% 그리고 문화 유산 보존과 대중 교육(도서관, 박물관 등)이 19.2%를 차지하고 있다.

시 단위에서 공적으로 직접 지출하는 금액이 시 전체 문화 예산의 80%에 달하며 나머지 20%는 지원이나 이체 등의 방법으로 지출된다.

이 통계 데이터들은 훨씬 덜 알려져 있는 민간 쪽의 문화 지출과 비교해 볼 때 정확도도 높다고 볼 수 있다. 물론 이 통계 데이터들은 제대로 된 분석 회계 시스템을 갖추고 있느냐에 따라 시별로 많은 차이를 보인다.

B) 기업들 일반 기업들의 문화 지출을 문화 기업들의 지출과 동일시해서는 안 된다. 일반 기업들의 문화 지출은 직접적인 영향을 끼치는 지출들로서 주로 메세나와 기업 위원회 등을 통해 이루어진다. 기업들의 문화 예술 후원 활동인 메세나에 대해서는 정확한 규모를 알 수가 없는데, 이는 세금 문제 등으로 인해 많은 활동이 신고되지 않은 채 이루어지기 때문이다. 하지만 2005년에 기업들이 메세나를 위해 지출한 금액이 대략 10억 유로에 달할 것으로 추산하고 있다. 이 금액에는 기업의 공식적인 후원은 제외되어 있다. 이런 메세나에 덧붙여 위원회 차원에서 지출되는 금액을 언급할 필요가 있으며(가령, 프랑스 전력공사인 EDF) 혹은 기업들이 직접 문화 예술 작품들을 구입하는 경우도(가령, 기업 판촉물 구입, 장식, 회사 건물에 대한

예술적 포장 등) 잊어서는 안 될 것이다. 어쨌든 이런 경우들에 있어서도 정확한 금액 산정은 거의 불가능하다. 이 지출 분야에 대한 분석은 앞으로 조금 더 심화되어야 할 것이다.

C) 가정　가정 단위에서 이루어지는 문화 지출은 프랑스의 전체 문화 지출에서 가장 큰 비중을 차지한다. 2011년을 예로 들어 살펴보면, 대략 500억 유로에 달하는데 이 액수는 전체 가계 지출의 4.5%에 해당한다. 따라서 프랑스 전체의 문화 지출에서 국가가 지출하는 비중은 15% 미만이며(2011년 기준 13.22%) 전체 공공 지출은 23% 정도이다. 따라서 전체 문화 지출에서 민간 부문이 차지하는 비중이 77%가 되는 셈이며 많은 이들이 종종 "문화 국가주의Etatisation culturelle"라는 비난을 하지만 이는 정확한 지적과는 거리가 멀다.

프랑스 전체의 문화 지출이 대략 600억 유로에 달하지만 이 수치만으로는 문화적 현실 전체를 제대로 파악할 수 없다. 문화 자산, 특히 예술 작품과 문화 기념물들이 갖고 있는 유형 무형의 가치들을 고려해야 하며 이 가치를 국가 전체의 부와 함께 합산해서 생각해야 할 것이다.[1] 프랑스의 문화 자산이 프랑스 전체 자산 중 3.5% 정도라고 하지만 이는 틀린 지적이다. 3.5%라는 수치에 베르사유 궁과 루브르 박물관에 걸려 있는 흔히 "모나리자"로 불리는 〈라 조콘드La Joconde〉의 가치가 제대로 반영되어 있을까?

2. 문화 대중들 —우리가 갖고 있는 문화 대중들에 대한 지식 역시 부정확하며 따라서 많은 혼란을 줄 우려가 있다. 문화 대중들에 대한 정보의 대부분은 문화부 내 '연구 전망부'(DEP)가 올리비에 도나와의 협조하에 작업한 문화생활과 관련된 프랑스인들에 대한 통계에 근거를 두고 있다. 이 통계에 의거하여 1973, 1981, 1988, 1997, 2003년과 마지막 조사 해인 2008년을 비교해 볼 수 있다.

---

1 프랑스의 경우, 루브르 박물관이 소장하고 있는 대표작들의 유형, 무형의 가치는 가히 천문학적이다. 예를 들어, "모나리자"와 "밀로의 비너스"만을 보고 나가는 일반 관광객들이 프랑스에 떨어뜨리는 돈이(입장료, 도록 구입비, 카페 등) 유형의 가치라면, 뒤샹의 패러디 그림 〈L.H.O.O.Q〉가 불러일으킨 스캔들과 그 이후의 이야기들은 무형의 자산이 될 것이다. 이런 예는 헤아릴 수 없이 많은데 프랑스의 문화를 언급할 때 늘 유의해야 할 부분이다. 저자가 본문에서 말하고 있는 "예술 작품과 문화 기념물들이 갖고 있는 유형 무형의 가치들"이란 이것을 뜻한다.(옮긴이)

지금부터 40년 전 피에르 부르디외가 그의 책《상속자들》에서 문화는 문화화된 계층들에게만 어울린다는 점을 지적한 이후, 이 사실에는 거의 변화가 일어나지 않았다.[2] 2003년을 보면, 박물관을 찾는 프랑스인들의 비중은 대략 40% 정도다. 이 비중은 2008년에는 33%으로 낮아진다. 약간의 차이는 있지만 1970년대 이후 문화시설들을 찾는 비중이 증가하는 현상을 확인할 수 있는데, 이는 문화시설을 활용하는 계층의 인구 증가에서 기인하며(예를 들어, 기업 간부들, 고급 직업, 중간 직업, 대학생들) 동시에 인구 전체의 증가도 한 몫을 했다. 문화 외출은 낮에도 있었지만 밤에 더 자주 일어났으며 그럼으로써 아이들과 동행하는 빈도도 높아졌다. 이 문화적 외출은 관광과 문화의 경계선 상에서 위치했다. 사회적 위치와 교육 수준은 이런 문화 현상을 잘 설명해 줄 것이다.

프랑스인들과 미술의 관계에서 몇 가지 변화들이 일어났다. 다시 말해 예전과 달리 문화 활동의 무게 중심이 꾸

---

2 부르디외의 책 서지는 다음과 같다. Pierre Bourdieu et Jean-Claude Passeron, *Les héritiers : les étudiants et la culture*(상속자들, 대학생들과 문화), Paris, Les Éditions de Minuit, coll. *Grands documents*, 1964.(옮긴이)

준히 오디오비주얼 쪽으로 이동한 것이다.

2004년에는 80%의 가정이 TV, DVD, 컴퓨터를 갖고 있었다. 화면이 큰 비중을 차지하는 이런 문화 도구들이 증가함으로써 텍스트 형태로 접하는 문화는 축소될 수밖에 없었다. 신문 구독이 현저하게 줄어들고 평균 독서량이 줄어든 것만 봐도 잘 드러난다. 특히 문학 독자들이 많이 줄어들었다. 젊은 세대들의 상상 작업은 책보다는 갈수록 오디오비주얼 활동을 중심으로 이루어지게 된 것이다.

1973년에는 성인 프랑스인의 28%가 매일 일간지를 읽었다. 그러나 2003년이 되자 이 비중은 18%로 낮아진다. 2008년 조사에 의하면 책을 전혀 읽지 않는 사람들은 늘어났고 반면 (일 년에 10권 이상을 읽는) 충성 독자는 현저하게 줄어들었다.

1973년에는 프랑스 성인들 중 9%가 녹음된 음악을 들었다. 2003년이 되자 그 수치는 33%로 증가한다. 1973년에 29%였던 성인 TV 시청자 비중은 2003년에 44%로 크게 늘어났다. 오늘날 TV는 새로운 화면 기기들(컴퓨터와 기타 기기들)과의 경쟁으로 인해 더 이상 그 비중이 높아질 수 없는 한계점에 도달했다. 83%의 프랑스인들이 집에 컴퓨터를 갖고 있다. 이런 화면 문화는 도서관을 찾거나 책을 읽는 혹은 라디오를 듣고 TV를 보는 예전의 문화 활동들 대신에 연극이나 영화를 보러 가는 외출을 동반하는 활동으로 상당 부분 대체되었다.

앙케트 질문: 다음 사항들 중 가장 하고 싶은 것을 고른다면?(1)

	1979년 10월*		2006년 3월		변화
	%	순위	%	순위	
텔레비전 시청	54	1	59	1	+5
음악 듣기	41	4	57	2	+16
독서	49	2	49	3	=
신문, 주간지, 잡지 읽기	42	3	49	3	+7
영화관 가기	27	5	33	5	+6
인터넷 하기			26	6	+26
연극 보러 가기	11	6	9	7	-2
의견 없음	2		1		-1

* 15세 이상의 사람들로 구성된 샘플에 의한 조사

(1) 퍼센티지 합계가 100을 넘는다. 이는 응답자가 중복해서 답을 했기 때문이다.

불법 유포가 난무하는 현상이 이 새로운 화면 문화의 일부가 되었고 따라서 아도피(HADOPI, Haute Autorité pour la diffusion des œuvres et la protection des droits sur internet. 인터넷상의

2006년 TNS Sofres 앙케트

사회 계층별 성인들의 문화 활동(2005년, 숫자는 % 지칭)

최근 1년, 적어도 한 번 이상 경험한 비중	독서	영화	박물관 혹은 전시회	연극	연주회, 공연	라디오 청취	CD, 카세트 듣기
전체	58	47	39	16	31	87	75
농업	31	33	34	11	33	85	57
자영업자	49	42	40	20	28	91	73
간부급, 자유직	83	76	66	36	50	95	91
중계직	70	68	52	25	46	96	90
샐러리맨	63	51	38	12	29	91	86
노동자	32	35	25	6	22	91	76
실직자	51	48	34	11	24	85	86
대학생, 중고등학생	77	88	50	20	43	88	96
은퇴자	52	22	34	14	20	78	47
무직, 가정주부	53	31	30	10	24	77	69
15세 이상 대상							

출처: INSEE, 삶의 수준 조건 항시 조사(EPCV)

2006년 TNS Sofres 앙케트

연령과 성별, 성인들의 문화 활동(2005년, 숫자는 % 지칭)

최근 1년, 적어도 한 번 이상 경험한 비중	독서	영화	박물관 혹은 전시회	연극	연주회, 공연	라디오 청취	CD, 카세트 듣기
전체	58	47	39	16	31	87	75
연령별							
15-29세	66	78	41	17	41	88	96
30-39세	58	54	41	14	34	93	92
40-49세	57	51	43	16	31	91	82
50-59세	56	38	41	21	30	89	70
60-69세	56	30	43	17	26	85	58
70-79세	51	17	31	12	18	75	39
80세 이상	49	9	17	4	7	64	31
성별							
여자	67	48	41	18	31	85	76
남자	48	46	38	14	30	88	74
15세 이상 대상							

출처: INSEE, 삶의 수준 조건 항시 조사(EPCV)

작품 배포와 저작권 보호를 위한 고등 기관) 같은 기관을 설치해 적절한 조치를 취할 수밖에 없게 되었다.

그러나 모든 것에도 불구하고, 1973년에서 2008년까지 대략 35년 동안, 문화 예술 애호가로서 문화를 즐긴 프랑스인들이 연령에 크게 상관없이 전체적으로 약 3배 정도 증가했다.

예술과 문화에 관한 말로의 철학적 관점을 따른다면, 인간의 예술과 정신을 다루는 위대한 작품들은 반드시 박물관 같은 문화시설들을 자주 찾아가야만 만날 수 있는 것은 아니다. 말로는 예상하지 못했지만 그가 말했던 상상의 박물관은 이제는 인터넷에서 접근할 수 있게 되었다.[3]

위에서 지적했던 몇 가지 문화 생활들은 상반된 해석을 낳을 수 있다. 각종 첨단기술과 미디어들의 도움을 받아 이루어지는 현대 가정에서의 문화 생활을 능동적이라

3 상상의 박물관Le Musée imaginaire은 소설가이자 드골 정권하에서 문화부 장관을 지낸 앙드레 말로의 예술론 제목이다. 1947년 발표된 이 글은 이후 여러 차례 다른 문집에 실리며 20세기 예술을 논할 때 자주 인용되는 글이 되었다. 말로가 말하는 "상상의 박물관"은 가상 박물관을 뜻하는 것이 아니라, 구체적인 목적과 실용성을 지닌 채 제작된 예술 작품들이 박물관에 모임으로써 작품의 의미들이 변형되며 전혀 다른 차원으로 이동하면서 만들어 내는 새로운 정신적 공간을 말한다.(옮긴이)

고 보는 사람도 있고 반대로 수동적이라고 보는 사람도 있다. 이런 문화 향유를 최악의 것으로 볼 수도 있고 가장 바람직한 형태로 볼 수도 있다. 어느 경우든 글을 중심으로 발달해 온 문명이 이론의 여지없이 기울면서 이미지 중심의 문명으로 이동하고 있는 것만은 확실해 보인다. 이런 현상은 프랑스에서만 일어나는 현상이 아니라 21세기 지구촌 전체의 문제다.

바로 이런 이유로 해서 학생을 가르치는 교사들과 교육부 책임자들은 학생 교육을 통제할 수 없게 될지 모른다는 걱정을 하고 있다. 같은 이유로 문화부의 필요성 자체에 대해서도 의문을 제기하는 과격한 이들도 있다. 이런 주장이 설득력을 갖는 것은 가정에서 TV, 인터넷 등을 통해 이루어지는 문화 예술을 즐기는 생활은 거의 전적으로 민간 문화 시장에서 일어나기 때문이다. 그러나 문화부를 없애서 국가 차원의 개입이나 투자들이 이루어지지 않는다면 전통적인 문화 생활들은 빠른 속도로 사라져 버릴 것이다. 문화부가 진정으로 해야 할 일들 중 하나는 문화 시장을 통제하지 않아서 한 특정한 현상으로 인해 문화 전체가 파괴되는 일을 막는 것이다. 민간 시장이 큰 부분을 차지하니 문화부를 폐지하자는 주장은 중간 단계를 건너뛰고 일을 빨리, 쉽게 하자는 주장에 지나지 않는다. 공공 부문, 민간 부문이 대립하고, 전통 문화 생활과 첨단 문화 생활도 대립한다. 이 대립들 저변에는 글 중심의 문명과 이미지 중심의 문명이 대립하고 있다. 그러나 조금 더 현실을 가까이서 들여다 보면 이런 문화 생활 자체가 사회적으로, 직종별로 그리고 지역적으로도 상당히 불평등하게 이루어지고 있음을 알 수 있다.

프랑스인들의 문화 생활을 알아본 우리는 이제 이를 통해 몇 가지 질문들을 해볼 수 있고 또한 추상적인 숫자들만 나열된 통계 자료들이 의미하는 바도 읽어낼 수 있다. 통계에 기초해 분석을 해야 하지만 그러나 맹신을 해서는 안 된다. 전체를 빠짐없이 다 고려한 것이 아니기 때문이다. 통계에 잡히지 않는 현상들이 있는 것이다.

A) 대중들과 창작자들 첫 번째 질문: 예술 생산에 있어 대중과 창작자들은 각각 다른 역할을 한다. 그런데 이 역할은 사용된 표현 형식들에 따라 어떻게 변해 왔을까? 연극에서 배우와 관객은 떼려야 뗄 수 없는 존재들이다. 육성

의 예술인 연극에서는 배우들이 내는 목소리의 자발성과 순간성이 절대적인 역할을 한다. 또한 연극은 무대 건축 예술의 지배를 받기도 해서 경우에 따라 상당한 규모의 건축물들을 가설해야 할 때도 있다. 반대로 박물관은 시간의 흐름, 즉 역사에 근거해야만 하기에 과거에 이루어진 창작과는 일정한 거리를 둘 수밖에 없다.

연극과 박물관이 대중들에게 어떤 의미를 부여하는지는 연극과 박물관의 이러한 차이점에 의해 달라진다. 연극에서 관중은 극이 끝나기 전까지는 창작의 일부로 극에 통합된다. 반면 박물관에서 관중은 창작에서 완전히 떠난 상태에 있게 된다.[4] 박물관이기에 예외적인 경우를 가정해 봐도, 관객은 최소 창작된 지 50년은 지난 작품 앞에 서는 것이다. 예술들과 관객 사이의 관계가 보이는 이런 차이점은 연극의 경우 배우들의 육성 대사의 역할, 박물관

4 가장 전형적인 예가 루브르 박물관을 비롯해 유럽 유명 박물관들에 전시되어 있는 기독교 예술품들이다. 이 예술품들은 옛날에는 예외 없이 성당이나 수도원을 장식하거나 예배의 대상이 되었던 것들로 현재 박물관 벽에 여러 점이 함께 걸려있는 상태로는 창작 당시 주변 공간이나 미사 등이 집전되던 옛 상황까지 재연해낼 수가 없다. 왕궁과 귀족들의 저택을 장식하던 미술품들도 정도는 덜하지만 마찬가지이다. 공간과 시대 상황에 제약을 받지 않고 작품 그 자체를 감상할 수 있는 작품은 인상주의 이후부터 창작된다.(옮긴이)

의 경우에는 예술 작품의 역할로 설명이 가능하다. 육성 대사는 탁월한 전달 매체이고 극작가와 관객 사이의 일종의 묵시적 약속에 근거한다. 하지만 육성은 가볍고 공중으로 쉬 사라져 버린다. 이 점에서 육성은 박물관에 놓여 있는 예술품과는 완전히 다르다. 연극은 극장이 아니라 길거리에서도 공연을 할 수 있다. 반면 박물관은 네 개의 벽으로 감싸인 실내가 있어야 한다. 박물관의 예술 작품들은 시간을 견디고 살아 남은 것들로서 수많은 시선들과 예기치 못한 사건들로부터 보호를 받아야만 한다. 예술 작품들은 무겁고 부피가 큰 경우가 대부분이며, 무엇보다 관객이 없어도 홀로 존재할 수 있다. 단 한 사람의 눈길만 있어도 충분하다. 반면 연극은 많은 사람들의 시선을 필요로 한다. 행사가 끝나도 예술 작품은 밤과 낮을 가리지 않고 존재하며 외부에 노출된 취약한 상태로 무거운 무게를 간직한 채 그 자리에 그대로 있게 된다. 박물관 문이 열리는 시간은 일종의 관객들에게 주어지는 선물이라고 할 수 있다. 하지만 언제든지 박물관은 이 선물을 다시 회수해 갈 수 있다. 여러가지 이유로 문을 닫곤 하는 것이다. 많은 관객들에게 작품을 보여주는 것보다는 작품 보존과 보호가 우선시되는 목적이기에 어쩔 수 없다. (이 박물관 폐쇄를 옛날에 성스러운 장소에 대해 내려진 금족령에 비교할 수도 있다) 연극에서 객석에 앉아 있는 관객은 극본이 걸작으로 탄생하는 데 필수적인 요소로 연금술의 대상이다. 박물관에서 관객은 한 시간의 흐름 속에서 선택된 예술품, 허락된 관람 등의 특권과 관련된 존재다.

음악은 어떻게 볼 수 있을까? 연주자와 관중 사이의 밀접한 관계, 흘러가는 짧은 연주 시간, 홀이라는 건축적 요소들이 영향을 미친다. 이런 면에서 음악은 연극과 유사하다. 반면 박물관과도 유사한 측면이 있다. 박물관이라는 특수한 건축물 안에서 관중과 작품 사이에 거리가 형성되는데 이 거리는 음악과 청중 사이에도 존재한다. 여기에 덧붙여 음악은 최신의 재생 테크닉들의 발달 결과 만들어진 관중들과의 특수한 간격을 갖고 있다. 이제 음악은 연주자와 다른 관중들을 서로 보지 않은 채로도 얼마든지 들을 수 있는 것이다. 연극은, 동시에 듣고 보고 해야 한다. 연극과 유사한 음악을 통한 소통도 청중과 연주자 모두에게 축복받은 시간이지만 때론 음악이 장식에 그칠 수도 있고 오늘날의 "MP3" 같은 형태로 청취를 할 때는 일종의 자폐증적인 것이 되어 버린다. 우선 박수갈채가 사라진다. 박수갈채는 일정 시간 동안의 긴장과 정신집중이 끝났음을 뜻하는 신호이자 일종의 간단한 의식이기도 했다. 박수갈채가 있어야 성스러운 시간에서 일상의 시간으로 돌아올 수 있는 것인지도 모른다.

B) 대중 – 시민 vs 대중 – 소비자 두 번째 질문: 문화 시장이 존재한다는 사실을 통해 우리는 대중을 건전한 의식을 가진 시민과 문화를 사서 소비하는 소비자로 나눌 수 있을까? 이 경우에도 마찬가지로 예술적 표현 형태에 따라 차이가 존재하며 이 차이를 중심으로 구분이 가능할 것이다. 대중은 시민과 소비자 두 계층으로 존재하지 않는다. 문화 생활의 방식들은 시민이면서 동시에 소비자인 대중을 통해 표출된다. 일정한 문화적 오브제들을 갖고 싶어하는 대중들의 취향은 공공 서비스를 통해 제공되는 기회보다는 문화 시장에서 만날 수 있는 기회를 더 선호한다. 공공과 민간의 대립은 그러나 언제나 민간의 승리로 끝나는 것이 아니라 대중의 취향에 의해 좌우된다. 예를 들어, 정부의 지원을 많이 받았고 처음에는 다수의 관객들을 상

대로 기획된 공연이 난해함을 즐기는 소수의 관객용으로 변할 수 있는 것이다. 창작자 입장에서는 많은 대중을 상대할 것인지 아니면 소수의 대중만을 위해 창작할 것인지를 필히 선택해야 한다. 그러나 대중들 입장에서는 어떨까? 선택을 하더라도 창작가만큼 철저하게 할 수는 없을 것이다. 재정을 충당할 수 있고 그 대가로 종신 연금을 받을 수만 있다면 이 사람은 대중과 그 대중으로부터 받을 수 있는 수입이 없어도 공연을 하거나 작품을 창작할 수도 있을 것이다. 문화 분야에서 국가에 의존해 재정을 충당하는 것은 국가가 앞장서서 불식시켜야 할 사회적 불평등을 악화시킬 수 있어서 조심해야만 한다. 그러나 국가의 개입은 많은 경우 없어서는 안 될 요소다. 예를 들어, 바스티유 오페라는 국가의 지원을 받은 덕에 클래식 음악, 특히 가곡을 이전과는 비교할 수 없을 정도로 많은 이들에게 전파하고 사랑받게 할 수 있었다(1980년대 초에 삼십만 명에 지나지 않던 관중이 2005-2006년 시즌에는 두 배가 넘는 칠십만 명으로 늘어났다).[5]

---

5 바스티유 오페라l'opéra Bastille는 1989년, 바스티유 광장 인근의 옛 기차역을 헐고 지은 오페라로 미테랑 대통령 시절 시행된 파리 대공사의 일환으로 지어졌

문화 시장 역시 나름대로 귀중한 역할을 하며 문화에 영향을 미친다. 그 중에서 가장 분명한 것은 문화를 쉬운 대상으로 만들어 놓는 것이다. 공연장을 경영하는 문화 사업가가 많은 관중을 모아 돈을 벌고 싶다면 그는 중간 수준의 평이한 프로그램을 평이하게 풀어놓을 수밖에 없다. 창작의 모험을 감행할 수 없는 것이다. 전시회에 대해서도 같은 논리를 적용할 수 있다. 영화도 그리고 연주회도 마찬가지이다. 대중들이 이해할 수 없는 것을 문화시장에서 팔 수는 없는 것이다. 문화 작동자, 즉 컬처 오퍼레이터들은 양극단 사이에서 선택을 해야 한다. 국가 지원에 의존하는 공공 문화 활동과 완전히 상업적인 시장 사이의 어디쯤에서 타협안을 찾아야 한다.

대중을 시민으로 볼 것인지 아니면 소비자로 볼 것인지는 예술 분야에 따라 다르다. 국가 등 공공 지원을 받는 박물관의 경우 자체 수익으로 충당할 수 있는 비중은 전체 예산에서 적게는 10%에서 많은 경우 30% 정도다. 이 수

다. 파리 9구의 가르니에 홀과 더불어 파리 오페라단 소속 건물이다. 초대 오케스트라 감독으로 정명훈이 취임한 적이 있는 곳으로 유명하며, 오페라 전문 공연관이며 가르니에 관은 발레 공연 위주로 활용되고 있다.(옮긴이)

치는 루브르의 경우인데 다른 곳을 예로 들면 조각가 마욜의 박물관이나 장마당 박물관 등은 적게는 50% 많게는 100% 자체 수익으로 충당한다.[6] 평균적으로 박물관은 대략 50% 정도를 자체 수익으로 충당하고 나머지는 국가의 지원이나 개인과 기업 등의 후원을 통해 확보해야 한다. 극장의 경우는 입장료에 더욱 의존한다. 처음부터 정부 지원 프로그램과 비지원 프로그램을 구분해서 기획하며 경우에 따라 운영비 전체나 반을 지원받는다. 따라서 문화 시장에서 박물관보다 확고한 위치를 차지하고 있다. 하지만 정부 지원을 받는 극장이라 해도 거의 기업에 가깝다고 볼 수 있다. 음악 영역은 가장 문화 시장에 의존하는 영역이다. 악기는 물론이고 음반과 다운로드까지 모두 시장을 통해 거래가 이루어지기 때문이다. 음악에서 정부 지원은 연구 분야(IRCAM), 음악 문화 유산(오페라), 음악 교육 등에 한정되어 있다.[7]

---

6 장마당 박물관Le musée des Arts forains은 1996년 문을 연 파리 12구에 있는 사립 박물관으로 19세기 중엽에서 20세기 중엽까지 프랑스와 유럽의 장마당에 관련된 놀거리와 먹거리 등을 중심으로 민속적 자료들을 전시하고 직접 이용할 수도 있는 놀이형 박물관이다. 조각가 마욜의 박물관도 파리 시내, 한국 대사관이 있는 거리에 자리잡고 있다.(옮긴이)

7 음향/음악 조율 연구 학회(IRCAM, Institut de Recherche et Coordination

음악 대중들은 따라서 민간 기업들이 생산해 내는 음악 제품들을 소비하는 소비자들이라고 할 수 있다. 반면 굳이 분류를 하자면, 극장을 찾는 관객들은 소비자들이면서 동시에 시민이며 박물관을 찾는 이들은 소비자이기보다는 시민이라고 할 수 있다.

문화를 향유하고 소비하는 대중에 대한 분석은 각 대중의 문화 시장에서의 입장과 차지하고 있는 위치 등을 고려해야 한다. 또한 문화 민주화에 대한 논쟁이 이루어질 때도 문화 시장의 현실을 함께 거론해야만 한다. 이제 창작이 모든 사람을 대상으로 하던 시대는 지나가 버렸다. 이상으로 남아 있고 목표로 삼을 수는 있겠지만, 문화부마저도 예술가들을 위한 문화부가 아니라 대중을 위한 문화부가 되어 있다. 실제로 국가의 문화 개입이 전방위로 이루어지고 있지만 여전히 사회적으로 이미 혜택을 받은 계층에 더 많이 집중되어있다. 이런 불평등을 수정해야 하며 이것이 문화 민주주의를 이루는 길일 것이다. 상대적

Acoustique/Musique)는 1969년 프랑스의 작곡가이자 지휘자인 피에르 불레즈(Pierre Boulez, 1925–2016)가 세운 음악 관련 테크놀로지와 창작 등을 연구하는 연구소로 퐁피두센터에 있다.(옮긴이)

으로 혜택을 받지 못한 사회적 계층들을 목표로 지원이 이루어져야 할 것이다. 긍정적인 의미에서 차별화를 시도해야 하는 것이다. 이제 도움이 필요한 계층의 구체적인 수용 능력과 각 문화 분야의 특성에 어울리는 최적의 방법을 찾아야 할 것이다.

3. 문화 정책들 —공공 부문의 문화 통계가 민간 부문의 문화 통계보다 더 자세하게 나와 있지만 이마저도 사실은 부분적이고 시급한 정책 집행을 염두에 두면 때늦은 작업이었던 경우가 많았다. 이런 상황을 개선하기 위하여 1990년 그르노블에 문화 정책 관측소Observatoire des politiques culturelles가 세워졌다. 이 관측소의 주된 목적은 지역의 문화 정책들을 평가하는 것이었다. 이와는 별도로 문화 공학 에이전시들이 시, 도, 지역 단위 지자체들을 대상으로 문화 감사를 시행하기도 했다.

지역의 문화 정책보다 국가 전체의 문화 정책을 살펴보는 일이 오히려 더 쉽다. 이는 무엇보다 문화부가 대부분의 지자체들이 갖추고 있지 못한 통계들을 갖추고 있기 때문이다. 1987년 유럽 위원회(Conseil de l'Europe, Council of Europe)가 실시한 프랑스 문화 정책 감사에는 흥미로운 평가들이 담겨 있다.[8] 2007년에도 LOLF에 의거해 예산 운용에 변경사항들이 발생했고, 큰 목표들을 겨냥해 (가령, 문화 유산, 창작, 지식 전수, 민주화, 문화 연구 및 과학 문화 등) 방법을 다듬는 작업들이 이어지면서 문화 정책의 통계들이 더욱 체계적인 모습을 갖추게 되었다. 하지만 동시에 예전에 분야별로 행해졌던 문화 활동에 대한 통계가 사라지기도 했고 일부 데이터 처리에 단절이 발생하기도 했다.

문화 통계는 지자체 단위에서 훨씬 혼란스러운 양상을 보인다. 지자체들 자체가 변동이 많기 때문이다. 지자체들은 분석적 회계가 턱없이 결여된 상황을 자주 보여 준다. 게다가 문화 정책들을 관찰하는 작업 자체가 어려운데 이는 관련된 분야들의 경계가 모호해 서로 중첩되는 경우가 많기 때문이다. 마지막으로, 국가 전체의 문화 지출에서 단지 23%에만 관련된 문화 정책 자체의 한계로 인해서 문화 정책의 관점 자체가 큰 신뢰를 얻지 못하고 있다.

---

8 1949년 창설되어 현재 47개국이 가입해 있는 유럽 위원회(Conseil de l'Europe, Council of Europe)는 유럽연합 의회Parlement européen나 유럽 연합 이사회Conseil de l'Union européenne와는 무관한 별도의 국제기구다.(옮긴이)

예를 들어, 도서와 관련된 문화 정책의 경우, 일반 소비자들의 도서 구입은 가볍게 여기면서 철저하게 조사하지 않은 채 도서관들만 조사하곤 한다. 음악 정책의 경우도 페스티발과 연주회 참가 현황만을 따지곤 하는데 사실 이 분야는 음악 문화 전체에서는 그리 중요하지 않은 부분이다. 따라서 문화 정책들을 관찰한다고 하면서 사실은 공적 자금 지원과 지출 같은 분야에 한정해서 살펴보게 되며 그 결과 문화 산업과 관련된 분야보다는 고전적인 문화 표현들에 주안점을 두고 정책이 집행되었는지를 따지게 되며 나아가 문화 대중과 소비자들보다는 비평가와 언론 등 미디어들에 더 신경을 쓰게 된다. 민간 문화 시장과 관련된 통계 데이터들을 문화 정책 조사에 끌어들임으로써 이런 관점을 수정해 나가는 것이 문화 공학의 역할 중 하나이다.

4. 문화 고용 —문화와 관련된 일자리 창출과 증대는 문화 경제가 발달하면서 생기는 자연스러운 현상이지만 동시에 문화 교육이 활성화되는 현상과도 관련이 있다. 2011년 문화 분야 일자리가 대략 5십만 개에 달했던 것으로 추

정된다. 이 수치는 전체 취업인구의 2%에 해당하며 자동차 거래 분야의 고용 수치와 거의 동일하다. 이 문화 분야 일자리의 내부 분포를 살펴보면, 3만 406명이 문화부에서 일하는 인원이고 그 중 반 정도는 공공 기관에서 근무한다. 71,500명 정도가 지자체들에서 일하는 인원이며 대부분의 인원인 36만 4천 명에 달하는 사람들이 민간 문화 부문이나 관련 분야에서 일한다. 프랑스 문화 시장의 민간 투자 비중이 75%인데 고용의 80%가 민간 부문에서 창출되고 있으니 두 비중의 유사성에 주목할 필요가 있을 것이다.

이 민간 문화 부문의 고용 인원인 36만 4천 명은 문화산업(도서 판매, 출판, TV, 영화 등), 가정 비치용 문화 제품 생산(사진, 이미지와 음향 재생 기기 등), 악기 제작, 미술 관련 직종들에서 창출된 고용이다.

문화 고용은 놀라운 다양성을 특징으로 한다. 대략 700개 정도의 직종이 있다. 그래서 제대로 실상을 파악하기가 쉽지 않다. 우선 대략적으로 분류를 하면, 공공 기관 고용, 실습생, 계약직, 지원금 수령 기관의 민간 고용, 다양한 직위의 완전 민간 고용, 자유직, 극작가, 배우, 연주자,

화가와 조각가, 사진가, 디자이너 등으로 구분된다. 조금 더 자세하게 구분해 보면 다음과 같다.

— 과학적 직종: 학예사, 사서, 고문서 취급자, 다큐멘터리 취급자 등. 이들은 공공 기관에서 근무하는 이들이다. 교육과 훈련은 에콜 뒤 루브르, 에콜 뒤 샤르트르École nationale des chartres, 국립 문화재 연구소 등의 특수 학교에서 이루어진다.[9]

— 기획직: 편집자, 작가, 시나리오 작가, 전시 기획자, 건축가, 디자이너, 그래픽 아티스트 등이다. 지적이고 동시에 예술적인 직종이며 자유스러운 분위기에서 이루어지며 민간 기업(출판처럼)의 형태를 띠기도 하고 (전시처럼)공공기업의 형태를 띠기도 한다. 교육과 훈련은 국립 혹은 공립학교에서 이루어지며 사립학교에서도(미술 학교, ENSCI, ENSAD, 건축 학교들 등) 교육을 받을 수 있다.[10]

9 에콜 뒤 샤르트르École nationale des chartres는 1821년에 창설된 금석학 및 고문서학 전문 그랑제콜이다.(옮긴이)

10 ENSCI(École nationale supérieure de création industrielle–Les Ateliers)는 1982년에 세워진 프랑스의 명문 디자인 학교다. 2011년 레드닷디자인으로부터 세

— 기술직: 공연 장치 기사, 영화 기사, 박물관 및 무대 조명 기사 등. 기술학교와 현장에서 교육과 훈련을 받는다.

— 판매직: 서점 판매원, 미술 화랑 판매원 등. 특수한 교육이 필요치 않은 직종들임.

— 보조직: 고등교육을 받은 사람들이지만 학업을 마친 지 얼마 되지 않은 젊은 나이로 인해 책임자급 자리 대신 학자나 기획자 곁에서 업무를 보조하는 이들이다. 대부분 내부자 추천으로 채용되며 향후 책임자급 자리를 차지할 만한 능력을 검증받아야 한다.

— 안내 직종: 박물관 수위 및 안전 요원, 접대 안내원, 정보 안내원 등은 높은 레벨의 학위가 없어도 고용될 수 있는 직종이다.

— 홍보 직종: 마케팅, 내부 정보 취합 및 보존, 대언론 작업, 미디어 접대. 갈수록 특별 교육의 필요성이 요

계 최고의 학교로 선정된 적이 있다. ENSAD(École nationale supérieure des Arts Décoratifs)는 18세기에 설립된 가장 오랜 전통을 자랑하는 일명 아르데코로 불리는 미술, 디자인 학교다.(옮긴이)

구되는 직종이다.

— 생산 직종: 공연, 영화, 전시 등에서 일하는 인력들로서 전체를 관리, 조정하는 코디네이터들이다. 개념, 기술, 자금, 제작 등을 총괄 지휘한다.

전체적으로 보면, 문화 분야 인력들은 많은 경우 낮은 보수를 받고 있지만 높은 수준의 교육을 받았다고 할 수 있다. 낮은 보수는 특히 공공 부문에서 두드러졌다. 물론 어떤 경우든 스타급 인사들은 TV, 영화, 연극, 음악 등의 분야에서 고수익을 올리고 있다. 이 문화 직종의 또 다른 특징은 예술적 지식과 상업적 경영이 적절하게 조화를 이루어야 한다는 데서 찾을 수 있다. 때로는 예술적으로 접근하고 그러면서도 경영 쪽을 고려해야 하는 이중의 작업이 문화 직종의 가장 두드러진 특징이다.

문화 분야의 미래의 일자리들은 (이 문화 분야 일자리를 전혀 다른 위상을 지닌 창작자나 예술가와 혼동해서는 안 된다) 대부분 문화 경영, 문화 공학, 공연 및 이벤트 기획, 마케팅과 홍보, 예술 기획 등의 영역에서 창출될 것이다.

1980년대 들어 문화 경영 교육이 많이 늘어났다. 특히

ISMC와 도핀의 DESS가 세워지면서 활성화되었다.[11] 당시 대략 30여 개 대학에서 DESS(diplôme d'études supérieures spécialisées, 특수고등교육학위)와 마스터 과정을 운영하며 인력을 양성했다.

오늘날은 문화 관련 데이터들이 이전보다 훨씬 많이 알려져 있다. 그렇지만 중요한 몇 가지 데이터들은 여전히 부족하다. 예를 들어, 지자체들로 이양된 국가의 지원금 규모, 문화 투자의 지역적 분포, 문화 투자의 경제적, 사회적 효과 등에 대한 정보가 거의 없다. 또한 기업들의 문화 지출에 대한 체계적인 분석도 찾아보기 힘들고 문화 직종들의 자세한 유형별 구분도 없으며 문화 직종에 대한 체계적인 센서스도 없다.

문화 경제학자들이 어려움을 겪는 것도 바로 이런 데이터와 통계 및 조사 자료의 부족 때문이다.

---

11 파리 제9대학 도핀L'université Paris-Dauphine은 1971년에 세워진 불로뉴 숲 인근에 위치한 경영 전문 대학이다. ISMC, DESS 등은 모두 도핀 대학의 박사 학위명이다. DESS는 2002년 교육제도 개편 당시 마스테르 과정으로 통합된다.(옮긴이)

Ⅱ. 문화 공학의 도구들

필자는 1986년에 문화 공학의 개념을 만들어냈고 문화부에 제출한 보고서 속에서 문화 공학이 무엇인지를 규정했다. 그 후 에이전시를 설립했다. 이후 문화 공학 개념은 많은 문화계 종사자들에 의해 수용되기에 이르렀다.

처음에는 공학이라는 말과 문화라는 말을 결합시켜 하나의 개념을 지칭하자니 어색하기도 했었다. 특히 기술자를 뜻하는 엔지니어와 문화라는 말은 서로 어울리지 않는 말들이었다. 하지만 발명이나 창조 작업에 있어 지적인 분석과 예술가적인 천재성은 엔지니어가 필요로 하는 덕목들이다. 어느 하나가 부족하면 발명이나 창조가 이루어지지 못한다. 이런 이유로 산업 공학이 있듯이, 건축 공학이 있고 토목 공사에도 공학이 있으며 금융 분야에 금융 공학이 있는 것이다. 다양한 문화 정책들을 평가하고 문화 시장의 역할에 대해 연구를 하는 것이 나름대로 중요한 의미를 지니게 되었을 때 이 작업들 전체를 문화 공학이라고 부르지 못할 이유가 없는 것이다. 창작 작업을 방정식 푸는 식으로 접근하자는 것이 결코 아니다. 의외로 복잡한 문화 시스템을 헤아리고 하나의 시스템으로 작동하는 문화의 다양하고 미묘한 메커니즘들을 파악하여 이를 통해 가능한 한 충동적이고 비계획적인 대응을 줄이고 문화 메커니즘에게 지적인 통제가 가능한 투명성을 부여할 수 있을 것이다. 간단히 말해, 문화 공학은 관광, 홍보, 환경, 혹은 인도주의적 활동 등 문화 영역과 인접한 영역에서 고도의 전문성을 요구하는 직종들이 발생하고 이로 인해 프로페셔널리즘, 즉 고유의 논리를 갖춘 별도의 영역이 출현했기에 필요성이 대두된 것이다. 문화와 관광, 홍보, 환경, 혹은 인도주의적 활동들 사이에는 많은 부분이 중첩된다. 따라서 문화 공학의 방법론은 문화와 인접한 위와 같은 인접한 분야에도 적용이 가능하다.

문화 공학은 예전에도 어느 정도 산발적으로 존재했다고 볼 수 있다. 그러나 전혀 체계적이지 못했고 말하자면 몰리에르의 주책 바가지 주인공인 주르당 식으로 흉내만 내는 수준에 머물러 있었다.[12] 1986년에 하나의 학문 영역으로 자리를 잡으면서 조금씩 자신의 분석 기술과 분야

12 주르당Jourdan은 17세기 희곡 작가 몰리에르의 코미디 발레 〈평민 귀족Le Bourgeois gentihome〉의 주인공이다. 주르당은 부유한 평민인데 귀족이 되고 싶어서 흉내를 내면서 주변 사람들에게 속기도 하는 변덕과 허영이 심한 인물이다. 루이 14세의 칭찬을 들은 작품으로 유명하다.(옮긴이)

들을 갖추어 나갔다. 문화 공학을 통해 문화적 움직임의 의미와 구조 등이 드러나기도 하지만 무엇보다 문화 공학은 문화를 관찰하고 분석하고 연구하는 도구들 전체를 가리킨다.

1986년에 내렸던 다음과 같은 문화 공학에 대한 정의는 지금도 유효하다.

> "문화 공학은 문화 활동에 참여하는 여러 파트너들의 요구를 받아들여 문화 파트너들의 목표 설정과 프로그램 실행, 자금 동원, 프로젝트들의 기술적, 예술적 실행을 위해 이들에게 질과 기간과 비용의 측면에서 최적의 솔루션을 제공하는 업무를 말한다."

1. 최적의 솔루션 —문화 시스템을 구성하는 그룹들이 각자의 자리에서 다양한 문제들을 풀어 나가는 것을 앞에서 살펴보았다. 창작자들은 이른바 작품을 내놓을 판로를 찾아야 하고 무엇보다 인정을 받아야 한다. 대중들은 문화 시장에서 자신들의 기대를 충족시켜 주는 것을 얻으려고 한다. 자금을 대며 결정을 내리는 문화 영역의 결정권자

들은 대중들과 소비자들에게 사랑받는 문화 상품과 서비스를 제작해 내놓기 위해 어려운 결정을 내려야 한다. 마지막으로 문화 시스템을 구성하는 또 다른 그룹인 비평가, 기자 및 언론 기관들로 이루어진 미디어들은 문화 시스템을 조절하는 가치를 매기고 점수를 부여하는 역할을 한다.

어떤 프로젝트가 제기한 문제들에 적절한 답을 찾아주는 문화 공학자는 우선 그 프로젝트가 위치해 있는 문화 환경에 대한 체계적인 분석부터 해야 한다. 이 작업은 보통은 한 제도, 한 단체, 혹은 한 기업 내부에서 이루어지는 평가를 해야 할 때도 있고 어떤 때는 외부인이나 기관의 도움을 받아 감사를 해야 할 때도 있다. 이런 문화 환경에 대한 분석은 예술 프로그램들의 편성, 예산, 조직, 다양한 파트너들의 요구와 만족도 등에 대한 분석으로 세분화되어 진행된다. 이후 문화 공학은 문화 대중이나 문화 시장의 표본을 대상으로 앙케트를 실시하기도 하며, 또한 인터뷰들을 통해 전체 흐름을 파악하기도 한다. 이 경우 문화 시스템을 구성하는 4대 구성원들 중에서 관련 프로젝트와 관련되어 있으며 표본으로서의 가치를 지닌 자들을 선별해야 한다. 이런 일련의 조사를 통해 잠재 고객의 수를 예측하며 무엇을 원하는지도 헤아릴 수 있고 나아가 기획자들에게 대중들의 요구에 더 부합하는 프로젝트를 기획하도록 도울 수 있다. 오늘날 갈수록 새로운 박물관이 들어서고 있으며 도서관들이 확장 공사를 하고 있는데, 이런 움직임들 이전에 먼저 수요를 따져보는 연구가 선행되었다. 프랑스의 박물관 행정은 이렇게 해서 관중들에 대한 연구를 담당하는 한 부서를 두게 되었다. 이 부서는 먼저 얻은 연구 결과를 새롭게 다듬어 지자체들에게 박물관 운영 전략을 제안하기도 한다.

제기된 문제와 관련된 데이터들을 모두 모았을 때 문화공학 전문가는 비로소 어떤 솔루션을 마련해 낼 수 있다. 흔히 우리가 컨셉을 잡았다고 할 때의 컨셉이 그것인데, 어떤 한 프로젝트를 두고 정확하게 성격을 규정하는 작업의 핵심이다. 이 작업은 무엇을? 누구를 위해? 라는 질문에 답을 하는 것이다.

무엇을 할 것인가? 이 질문에는 다양한 하위 질문들이 있을 것이다. 주어진 상황에 대해 어떤 진단을 내릴 것인가? 어떤 타입의 행동을 고려하고 있나? 다시 말해, 시설을 건설해야 하나, 아니면 임대하거나 해서 충당할 수 있나, 어떤 이벤트를 조직할 것인가? 등.

누구를 위해서? 이 질문에는 한 프로젝트가 어떤 대중을 위한 것인지부터 어떤 사용자, 어떤 시장, 혹은 어떤 지역을 위한 것인지 등을 묻는 질문들이 포함된다.

최적의 솔루션은 문화 환경을 분석하고 정확하게 규정한 후 이에 기초하여 찾은 가장 좋은 답이다. 아직도 상당히 드물기는 하지만 이런 최적의 솔루션을 찾는 작업은 비용대비 이익이 되는 작업이다. 작업의 질, 기간, 비용 측면에서 만족을 줄 수 있다. 프로젝트를 규정하는 일에 이어 실행 가능성에 대한 연구로 넘어간다. 이 단계에서는 얼마나? 언제? 어떻게 등의 질문들에 답을 해야 한다.

2. 비용 통제 ―문화와 관련된 제품과 서비스의 생산 원가보다 질을 우선시하는 것이 문화계의 오랜 전통이었다. 이 전통은 이솝 우화에 나오는 "개미와 베짱이" 이야기를 떠올리게 하는데, 비용은 고려하지 않은 채 질만 생각하는 태도는 베짱이가 개미를 압도하는 형국인 셈이다! 이 전통은 틀린 생각이다. 비용과 질은 어느 쪽을 우선시해

서 선택하느냐의 문제가 아니라 모두 고려해야 할 사항들이다. 비용 문제는 제약으로 작용하기도 하지만 동시에 어쩔 수 없이 타협을 이끌어내야 하기에 일종의 길잡이 역할을 하기도 한다. 문화는 다른 영역보다 돈이 많이 들어가는 영역이라고 말하는 이들을 자주 본다. 하지만 이는 사실이 아니다. 예를 들어보자. 박물관이나 도서관을 운영하는 데 필요한 비용을 도로 관리 비용이나 사회 보장비와 비교해 보자. 박물관이나 도서관을 운영하는 데 필요한 비용이 훨씬 적다.

문화 공학을 통해 다음의 세 가지 관점에서 문화 생산과 활동 비용을 연구할 수 있다.

A) **투자와 운영** 프로젝트와 관련된 모든 결정은 투자와 투자된 돈의 운용과 직결되어 있다. 그러나 공공 부문이든 민간 부문이든, 투자된 돈의 운용 상황을 거의 언제나 돈을 투자하고 나서 나중에야 따진다. 이는 불합리한 것이다. 불필요하거나 용도가 적은 시설과 장비를 구입하는 우를 범하고 마는 결과로 이어지곤 한다. 이는 적자를 유발하는 중대한 요인이다. 전문가로서 제대로 일을 한다는

것은 투자와 운영 양자를 동시에 고려해서 크고 작은 균형을 이루어 나가야 한다는 것을 뜻한다. 큰 균형은 운영 수익을 올려서 그를 통해 운영 비용을 대고 차입금을 갚는 것을 말한다. 민간 부문의 문화 활동은 모두 이 원칙에서 자유로울 수 없다. 하지만 공공 부문에서는 다른 원칙이 적용된다. 공공 부문에서는 요금이나 가격을 책정할 때 원가보다 낮게 책정하는 경우가 많다. 이런 방식의 운영으로는 차입금을 상환할 수 없다. 이 경우 "작은 균형"이 이루어진다. 즉, 운영 수익은 오직 운영 비용을 충당하는 데에만 쓰는 것이다. 그리고 투자된 비용 전체는 지자체가 부담하는 것이다. 어떤 때는 이 작은 균형마저 이루어지지 못할 때가 있어서 수지 균형을 모두 공적 지원금에 의존하기도 한다. 이런 관점에서 '사전에 미리' 재정 균형을 이룰 수 있는 조건들을 파악해서 이행해야 하며 그래야 예기치 못한 사태들을 피할 수 있다.

B) 고정비용과 유동 비용 문화 분야에서 고정비용(월급, 건물 유지 보수비 등)이 증가하면 할수록 변동이 심한 예술 관련 지출인 유동 비용을 압도하면서 축소시킨다. 이렇

게 되면 불합리한 상황에 처하게 된다. 예술 창작과 관련된 수단들이 거의 최소한도로 줄어들어 운영 예산 대부분은 직원 월급과 건물 유지비로 나가고 만다. 이렇게 되면 새로운 수입원을 찾아 나서야만 한다. 그러면 고정비용을 줄여야만 한다. 오페라, 연극, 전시회 등의 분야에서는 스타 시스템에 의존하는데 이는 예술 비용의 증가로 이어지게 된다. 하지만 이 현상은 오직 스타만을 위한 것일 뿐 예술 예산의 다른 활용성은 줄어들게 된다. 스타 시스템은 그 자체가 고정비용이 되고 마는 것이다.

C) 수지 균형과 적자 민간 문화 시장에서 가격을 책정하기 위해서는 수지 균형을 맞추고 나아가 수익을 낼 수 있도록 생산 원가를 철저하게 고려해야만 한다. 공공 문화 시장에서도 가격은 원가를 고려해 적어도 같은 가격대에서 결정될 수 있다. 하지만 공공 부문에서 가격은 원가보다 낮게 책정되곤 한다. 이는 재정 지원을 통해 손해를 메꾸기 때문에 가능하다. 하지만 그렇다고 모든 공공 재정 지원이 손해를 메우기 위한 것은 아니다. 공공 문화 기관들도 갈수록 지원 없이 독립 경영이 가능하도록 스스로 수

익을 내는 방향으로 선회하고 있다.

문화 사업도 운영이 미숙하거나 실수를 할 수도 있고 또 모든 인간 활동에 내재해 있는 예측 불가능한 일들이 발생할 수 있는 위험에 처해 있다. 이로 인해 모든 문화 사업은 비용 증가의 불확실성에 노출되어 있다. 문화 공학의 목표들 중 하나가 바로 이 불확실성을 줄이는 것이다. 이 불확실성들은 현명한 예측을 통해서 줄일 수 있고 혹은 효율적인 예산 통제를 통해서도 줄일 수 있다. 만일 가격이 고정되어 있는 경우, 방문객이나 고객의 수가 예상보다 적다면 사업은 적자를 모면할 수 없다. 예산 통제를 통해 투자 비용과 운영 비용을 제어할 수 있으며 무엇보다 프로젝트를 수행하는 데 소요되는 시간을 계산할 수 있다. 문화 사업에 있어서 비용의 가장 큰 부분은 인건비이며 처음 예상했던 것보다 고용 기간이 길어지면 상당한 부담이 될 수밖에 없다.

3. 생산 주기 엄수—문화 시장에서 생산 주기를 지킨다는 것은 상당히 중요하다. 하나의 제품이나 서비스를 최초로 개발해서 내놓지 못하면 경쟁에서 낙오되거나 혹은 은행

을 비롯한 투자자들이 보기에 투자 회수 기간이 길어지는 위험을 감수해야 한다.

또한 문화 시장에서 생산 주기를 지키는 것은 정치를 고려해야 하기에 필수적이기도 하다. 실제로 하나의 프로젝트를 런칭하기 위해서는 시간이 필요하지만 동시에 대선, 총선 등 선거 시기들을 염두에 두어야 한다. 많은 선출직 공무원들은 프로젝트의 런칭과 실행 과정을 통제할 수 없기 때문에 선거 후유증을 앓기 쉽다. 모든 선거구민들의 취향에 맞는 문화 프로젝트를 하기가 결코 쉽지 않기 때문에 이 프로젝트가 선거 후보 등록이나 정견 발표 같은 정치 일정 이전에 마무리되지 않으면 재정 지출 집행은 어려워진다. 따라서 시장들은 시장 임기가 시작하는 첫 해에 문화 프로젝트를 시작하는 것이 바람직하다. 그래야 임기가 끝날 때 프로젝트도 함께 끝낼 수 있다. 미완으로 끝난 프로젝트도 재정 지원 승인을 얻는 경우가 왕왕 있기는 하지만, 반대로 완성된 프로젝트라 해도 설명회 같은 별도의 절차를 거쳐야 하는 경우도 있으며 또 (도서관의 경우에서 보듯이) 일정한 서비스를 제대로 제공했는지, (박물관의 경우에서 보듯이) 도시의 인지도를 높이는 데 기여를 했는지 등을 두고 여론과 의회의 감사를 받아야 하는 경우도 발생한다. 문화 공학은 바로 이 때 결정권자들에게 프로젝트를 기획, 실행할 최적의 도구인 전체 일정을 짜서 제시할 수 있다.

4. 목표 설정 —민간의 것이든 공적인 것이든, 문화 프로젝트를 런칭하려는 결정을 내릴 때 추구해야 하는 목표를 가능한 한 분명히 규정해야만 한다. 결정권자가 민간인지 아니면 공기관인지에 따라 이 목표들은 달리 규정될 수 있고 계획된 투자가 가져올 기대 효과들을 통해 구체적으로 명시될 수 있다. 그 효과들에는 수익성 개선, 인지도 상승, 홍보 효과, 문화 민주화 등이 포함된다.

A) 수익성 개선　민간 프로젝트건 공공 프로젝트건 사전에 꼼꼼하게 기획된 것이고 실제의 필요성에 부합하는 것이라면 얼마든지 수익을 낼 수 있다. 하지만 어떤 종류의 수익인지를 분명히 밝혀야 한다. 즉 금전적 이익인지 아니면 일자리 창출인지 등을 밝혀야 한다. 하지만 가장 먼저 유념해야 할 것은 "문화적 수익"이라는 개념 그 자체

다. 다시 말해 문화적 수익은 꼭 금전적 수익을 의미하지 않는다는 것이다.

B) 인지도 상승 한 기업이나 지자체가 추구해야 할 목표들 중에는 다른 기업이나 지자체 혹은 주변에 자신을 알리는 이른바 인지도 상승도 포함되어 있다. 특히 문화는 이런 인지도 상승을 불러일으키는 데 대단히 효과적인 역할을 한다. 문화는 무엇보다 해당 주민이나 관련된 사람들에게 삶의 질이 보장되는 곳에서 산다는 인식을 심어준다. 지자체들이 서로 경쟁적으로 대학의 연구소 등을 유치하려고 하는 이유도 바로 여기에 있다. 대학이나 산하 연구소 등을 유치하면 이는 해당 지역의 삶의 질을 대외적으로 알리는 데 크게 기여를 하기 때문이다.

C) 홍보 효과 문화는 그 어떤 다른 투자보다 기업과 지자체에게 직접적으로 이익을 가져다주는 이미지를 만들어 내는 힘을 갖고 있다. 예를 들어, 카르티에 사가 문화 분야에 투자를 했을 때 카르티에 사는 혁신적이라는 이미지를 얻었고 그로 인해 사업적으로도 적지 않은 이익을 거

두었다. 마찬가지로 한 시가 새로운 박물관을 하나 짓는다면 일회성 광고로 자신을 알리는 것보다 훨씬 확실하게 오랫동안 시를 홍보할 수 있다.

D) 민주화　인지도 상승과 홍보 효과 등이 주변에 영향을 끼쳐서 얻는 외적인 목표라면, 민주화 효과는 한 집단 자체에 관련된 문제다. 이 민주화 목표가 설정되어 있는지 여부에 따라 문화 투자의 형태가 달라진다. 예를 들면, 민주화를 지향한다면 문화 투자는 극장보다는 도서관 쪽으로 기울 것이다. 도서관은 전체 인구의 30%에서 35%에 달하는 사람들과 관련이 있는 시설인 반면, 극장은 고작 인구의 16%하고만 관련을 맺고 있다. 심지어 클래식 음악을 연주하는 음악 홀 같은 경우에는 전체 인구의 6%만 충족시킬 뿐이다.

문화 프로젝트의 목표를 두고 논의를 하거나 논쟁을 하는 것은 상당히 보기 힘들다. 지자체의 결정권자들과 기업 경영자들은 자신들의 욕망을 분명하게 드러내려고 하지 않는 사람들이다. 문화 공학의 목표는 이런 지자체의 장이나 기업 경영자들을 도와서 문화 프로젝트의 목표를 정확하게 규정하고 이 작업이 오히려 그들에게 이익을 가져다 준다는 것을 이해시키는 데에 있다.

5. 프로그램들의 실행 —문화 공학은 투자를 집행하거나 혹은 이벤트를 실행하기에 앞서 먼저 선결해야 할 일들을 선별해서 시행하는 데 도움을 준다.

문화 분야의 투자에 있어서, 건축을 통한 투자 실행 계획은 핵심 중의 핵심이다. 오늘날에 와서 이런 실행 계획은 갈수록 하나의 관습이 되어 가고 있지만, 한 문화시설의 건축적 실행 계획이 가능하기 위해서는 조르주 퐁피두센터가 설립될 때까지 기다려야만 했다. 많은 이들이 종종 이 교훈을 잊곤 한다. 건축을 통한 체계적인 실행 계획을 통해 조르주 퐁피두센터는 목표들을 정확하게 설정할 수 있었고 설비들을 제대로 갖출 수 있었으며 방문객들의 요구에 적절하게 대응할 수 있었다. 퐁피두센터가 거둔 성공은 결코 기적이 아니다. 실행 순서와 일정 등을 정확하게 갖춘 실행 계획이 조화롭고 합리적으로 집행된 결과였다. 모든 문화시설과 관광 시설도 마찬가지이며 기존 시설과 공간의 리모델링에도 이 건축적 실행 계획은 적용

된다.[13]

문화 이벤트에 있어 예술적 실행 계획 역시 아주 중요하다. 결정권자들은 너무나도 자주, 그의 계획이 어떤 것인지도 잘 모른 채 한 예술 감독을 선임함으로써 일을 다 한 것으로 착각들을 한다. 때로는 실행 계획을 짜는 이들이 창작자의 요구를 들어주는 선에 머물러 그 이상의 철저한 실행 계획을 짜지 않기도 한다. 창작자들이 하는 이야기나 그들이 내는 아이디어는 논리가 정연해야만 하는 실행 계획이 아니다. 따라서 논리를 갖추어 철저한 실행 계획을 짜도록 유도해야 한다. 일정과 작업 순서가 촘촘하게 맞물려 있는 실행 계획, 즉 프로그램은 정확한 콘셉트와 합리적인 조직화에 힘입을 때만 가능하다.

---

13 1977년 개관한 퐁피두센터는 렌조 피아노Renzo Piano, 리차드 로저스Richard Rogers, 지안프랑코 프란치니Gianfranco Franchini 등 세 건축가들의 작품이다. 이동, 공조, 전기배선, 상하수도 등 건물의 모든 기능적 부분들을 외부로 빼내 노출 시키면서 기둥을 설치하는 대신 공간의 모듈화를 통해 한 층의 건폐율을 최대화시켰다. 또한 건물의 한 개 층에 해당하는 면적을 센터 앞에 공터로 제공함으로써 문화센터가 중세의 고딕 성당이 하던 역할을 하고 있음도 암시하고 있다. 이는 미술, 디자인, 음악, 문학, 언론, 영화 등이 동등한 가치를 지니며 문화와 예술은 모든 이들의 것이라는 신념을 건축적으로 표현한 것이었다. 투명하고 민주적이며 통합적이고 동시에 역사적인 건물이었으며 센터가 지향하는 이념도 크게 다르지 않다.(옮긴이)

6. 재정 조달 ─프로젝트의 실행 기간, 비용, 실행 순서와 계획 등을 모두 조절함으로써 한 프로젝트의 안이 마침내 문서화될 수 있다. 민간 기관이든 공공 기관이든 재정을 대는 이들을 설득시켜야 하며 그러기 위해서는 정확하게 앞뒤가 맞는 논리가 필요하며 이를 문서화시켜야 한다. 문화 공학은 이 핵심을 정리하고 논리를 부여하는 일을 한다. 이는 국가, 지역, 도, 시 혹은 은행 등 자본 출자자들을 설득하기 위해서 필수 불가결한 과정이다. 공공 재정 지원은 다양하며 대출 기한도 일반적으로 길고 복잡한 대출 조건을 거쳐야만 한다. 종종 도움을 받아야 할 때도 있다. 민간 프로젝트의 경우에도, 재정 지원 절차가 간단한 것은 결코 아니다. 특히 경제 위기가 찾아오는 시기에는 더욱 그렇다. 일반적으로 은행들은 문화 투자를 달가워하지 않는다. 그들이 보기에 문화 투자는 우연에 의해 많은 지배를 받는 분야이기 때문이다. 이 관점은 틀린 관점은 아니지만 그렇다고 정확한 것도 아니다. 왜냐하면 문화 투자 하나하나를 개별적으로 봐야 하기 때문이다.

재정 조달 작업은 즉각 조달 가능한 재정과 연기가 가능한 재정으로 나누어 진행될 수 있다. 즉각 조달이 가능한 재정은 바로 프로젝트를 런칭할 수 있게 해줄 것이다. 민간 프로젝트의 경우 바로 프로젝트를 시작할 수 있으며, 공공 프로젝트의 경우에는 예를 들어 건물 공사를 즉각 시행할 수 있다. 연기된 재정 지원은 프로젝트가 정상적으로 실행되어 발생한 수익을 보고 지원이 이루어지는 경우를 말한다. 민간 기업의 경우 문화 제품의 판매가 중요한 기준이 되며 공공 문화시설의 경우 방문객 수와 그에 비례해서 거둔 입장료 수익 등이 기준이 된다.

재정 지원은 또한 단순한 지원과 다원적 지원으로 구분해 볼 수도 있다. 단순한 지원은 지원 속도 면에서 장점이 있다. 즉각 자금을 집행할 수 있는 재단을 만들기로 한 기업의 경우가 여기에 해당한다. 지원을 해주는 곳이 다양한 다원적 재정 지원은 복잡하지만 그만큼 문화 프로젝트의 독립성과 지속성을 보장해 준다. 무엇보다 이 다원적 지원은 프로젝트 기획, 시행자가 홀로 재정 지원의 부담을 지지 않도록 배려해 준다.

예술 후원 활동인 메세나 운동이 활발하게 일어난 이후 재정 지원을 받는 일이 복잡해졌다. 다름 아니라 한 프로젝트를 위해 메세나 기금을 받기 위해서는 규정에 따라 그 프로젝트의 정확한 실행 계획을 필히 밝혀야 하기 때문이다.

7. 프로젝트들의 기술적, 예술적 실행 —프로젝트가 확정되어 구체적인 실행 방법에 대한 연구가 이루어지며 재정 조달 문제까지 해결이 되면 이제 남은 일은 실행에 돌입하는 것이다. 그러나 이제 시작일 뿐이다. 이 시점에서 문화 공학은 다시 한번 프로젝트 실행을 원활하게 이끌어 나갈 수 있도록 다양한 방법들을 제공한다.

시설물을 설치해야 하는 경우, 시공사, 시행사, 시설물 소유자인 기업이나 지자체들 간의 책임 소재와 원활한 협조가 관건이다. 지자체들은 문화 프로젝트를 이끌고 나갈 때 계속해서 기술 부서들을 운영한다. 기업들은 기업들대로 고도의 기술력이 필요한 프로젝트들을 이끌고 나갈 수 있는 능력을 시험받게 된다.

문화 이벤트를 개최하는 경우, 프로젝트를 기술적으로 원활하게 실행해 나가는지 여부는 거의 전적으로 예술 감독과 프로젝트 책임자의 손에 달렸다. 이 두 사람은 박물관학, 무대예술, 그래픽, 오디오비주얼 등 여러 분야의 참여자들이 상호 협력하도록 이끌어야만 한다. 이 때 문화 공학은 이 분야의 노하우와 경험을 살려 많은 조언을 해줄 수 있다.

문화 공학은 따라서 문화 프로젝트들의 원활한 진행에 반드시 필요한 요소라고 할 수 있다. 문화 공학의 기술들은 문화 프로젝트를 이끌고 나가는 사람들과 동등한 가치를 지닌다. 프로젝트의 예술적 성공은 현장에서 일하는 실행자들의 창조력과 철저한 실행 계획에 달려있다.

Ⅲ. 오퍼레이터들

1. 문화 공학 엔지니어들 —공공 부문과 민간 부문에서 일하는 문화 공학 엔지니어들은 기업 소속이기도 하고 때로는 독립적으로 일을 하기도 한다. 어쨌든 문화 공학은 특수한 노하우에 속하는 분야로서 불과 대략 25년 전에 출현해 발달한 분야다. 첫 번째 문화 공학은 필자가 ABCD라고 부르는 것인데, 프랑스와 외국 등지에서 5백여 개의 프로젝트에 참여한 바 있다.[14] 문화 공학의 개념과 영역이 생

14 ABCD는 예술Arts, 예산Budget, 홍보Communication, 개발Développement을 지칭

긴 이래 수천 개의 프로젝트들이 문화 공학의 도움을 받았다. 이런 사실들은 문화 공학 수요가 있음을 말해준다고 볼 수 있다.

문화 공학이라는 이름을 사용한다면 질 높은 서비스가 이루어져야만 할 것이다. 문화와 관련된 일을 하다 보면 종사자들은, 기업체 사장이든 아니면 선출직 공직자든 거의 모두 자신들이 능력을 갖추고 있다고 생각을 한다. 이런 현상은 프랑스의 결정권자들이 스스로를 문화적 식견을 갖추고 있는 사람이라고 자랑스럽게 생각하고 있기 때문이다. 그러나 문화에 대해 의견을 갖고 있다는 것과 문화 프로젝트를 기획하고 수행할 수 있는 지식을 갖고 있다는 것과는 전혀 다른 것이다.

문화 프로젝트를 수행하며 중간에서 조정하고 중재하는 일은 하나의 예술에 가까운 일이며 어떤 면에서는 과학이기도 하다. 우선 이 조정하고 중재하는 작업은 논리적이고 수미일관해야 하는 경영 테크닉들 전체를 의미한다. 타인을 배려하면서 일을 할 수 있는 능력을 요구하고 프로젝트에 열정을 쏟을 수 있어야 하며, 또한 프로젝트가 무

한다.(원주)

르익으면 거리를 유지하면서 평상시의 정상적인 관리 모드로 돌아올 수 있어야 한다.

문화 공학은 외부로부터 많은 구속과 제한을 받는 일이며 종종 갈등을 겪기도 한다. 따라서 외교적인 대인 관계술을 전제해야 한다. 그러면서도 동시에 문화와 예술, 경영과 공학 등 전 영역에 걸쳐 해박한 지식을 요구한다. 여러 에이전시들에서 일하게 될 미래의 문화 공학자들은 각종 공공 교육 기관들이나 민간 문화 기업들에서 교육을 받아야만 한다. 이런 기관들에서 교육을 받으며 문화 공학 엔지니어들은 통합적 사고를 통해 문화 업무 전체를 총괄하는 안목을 키우게 된다. 여러 문화 영역들 간의 교차하고 상호 영향을 주고 받는 현상을 파악해야 하며 다양한 형태로 이루어지는 상호 간섭들에 대해서도 알아야 하며 필요하다면 해당 분야의 전문가들에게 의존할 줄도 알아야 한다.

또한 문화 공학 엔지니어는 상당히 까다로운 직업윤리가 요구되는 직종이기도 하다. 투자자들로부터 독립적이어야 함은 물론이고 문화 고객들에게는 권위를 갖추고 있어야 하며 기획자들의 프로젝트에 대해서는 언제나 비판적이어야 한다.

문화 공학 엔지니어들은 다음과 같은 수준 높은 고등 교육을 받아야 한다.

— 풍부한 예술적 감성 혹은 상당한 수준의 폭넓은 교양
— 강한 개성
— 문화계의 주 사업 영역과 전반적 상황에 대한 경험과 지식

2. 문화 공학 기업들 —문화 공학의 방법론은 독립적인 문화 공학 에이전시들에 의해 구상되고 실행되기에 많은 차이점들이 존재한다. 하지만 어떤 경우건 문화 공학 기업의 핵심은 고객들과 제품들을 만나게 해주는 데에 있다. 에이전시 ABCD의 사업 보고서가 한 예가 되어 줄 것이다.

A) **고객** (영업 이익=총매출−매출원가)

지자체들	
시	32%
도	8%
지역	3%
소계	43%

국가	
중앙	9%
지방	4%
소계	13%
공공 기관들	
소계	14%
민간 기업 및 협회들	
소계	30%

공공 고객들과 혹은 준 공공 고객들은 전체 ABCD 문화 공학 에이전시 고객의 70%를 차지하고 나머지 30%가 민간 기업들이다. 이런 관점에서 보면, 문화 공학은 지자체들이 문화 영역에서 제대로 된 발전을 이루도록 컨설턴트를 제공하고 문화 시장에 진출하는 것을 돕는 역할을 한다. 지자체와 마찬가지로 민간 문화 기업들 역시 더욱 발전하기 위해서는 문화 공학의 방법들을 필요로 한다. 이 방법들을 기업 내부에서 찾기도 하지만 외부의 능력있는 기관들에서 찾기도 한다.

B) 제품 문화 공학 에이전시들이 제공하는 제품과 서비스는 대부분 문화시설 연구(42%)와 이벤트 조직(30%)에 관련되어 있다.

일반 연구, 감사, 평가, 분석	11%
문화시설물에 대한 개념 및 설치 효용성 연구	42%
프로젝트 조정, 실행	13%
이벤트(홍보, 행사 등)	30%
메세나 확보	2%
출판, 생산	2%
계	100%

문화 공학은 문화시설과 관련된 프로젝트 수행 미션과 연구 분야에 55%의 비중을 보였다.

C) 영역들 문화 공학의 적용 영역은 상당히 다양하다.

문화, 관광 개발, 다중 영역	25%
조형예술 및 현대 예술 센터	20%
박물관 및 과학 기술 문화회관	7%
공연(음악, 연극)	7%
문화유산	16%
공공 독서	5%
음악	4%
건축 및 도시계획	10%
오디오비주얼, 멀티미디어	6%

위의 표와는 별도로, 중복 교차되는 영역을 제외시키면, ABCD 문화 공학 에이전시가 주로 문화유산, 건축, 예술품, 전시회 등을 부각시키는 작업을 하면서 시각 예술 활동 분야와 조형예술 분야에서 많은 일을 했음을 알 수 있다. 공연 예술, 음악, 연극, 오디오비주얼 등은 10% 이하에 머물러 있다.

프랑스와 달리 미국에서는 시각 예술visual arts과 행위 예술performong arts은 종종 서로 다른 분야로 구별된다.[15] 이 구분에 따르자면 ABCD 에이전시의 경우, 시각 예술visual arts이 전체 업무 분야에서 80%를 차지한다.

요약하면 문화 공학 에이전시는 전체 업무에서 반 정도는 연구 업무에 치중하고 있으며 나머지 반 정도는 프로젝트 기획 업무에 할애되고 있다. 이런 업무 분포에 의거하여 각 영역의 사업에 맞는 법률적 구조와 지위를 갖추어야 한다.

이는 상당히 중요한 사안이다. 왜냐하면 일반 민간 문화 공학 연구소와 대학 부설 연구소를 차별화하는 핵심이기 때문이다. 문화 연구소가 실제 현장에서 작업을 수행하지 않는다면 갈수록 갖고 있는 노하우를 잃어버리게 되

15 원서에 영문 이탤릭으로 표기된 부분을 국문 고딕으로 표기함.(옮긴이)

고 이는 치명적인 결과로 이어질 수 있다. 대학 연구소가 연구 결과를 갖고 실제 현장에서 작업을 하는 경우는 드물다. 기한을 정해놓고 추진되는 프로젝트 등을 감안하면 이 또한 대학 연구소에게는 불리한 조건이다. 실제로 민간 문화 공학 연구소는 딜레마에 처한 기업들로부터 업무 제안을 받곤 한다. 비유를 하자면 문화 공학은 문화 활동 전반에 있어 소방수 역할을 한다고 볼 수 있다. 따라서 문화 공학은 응용 학문에 가까운 분야이며 제한된 대상의 기본 원리를 탐구하는 학문과는 거리를 두고 있다. 어떻게 해야 할지 몰라 당황스러울 때 혹은 시간이 없을 때 문화 공학 에이전시에 도움을 청할 수 있다.

4장

문화 공학의 적용 분야

문화 경제학처럼 문화 공학도 공공 부문과 민간 부문 모두에 적용 가능하다. 문화 공학은 문화시설과 이벤트를 기획하고 실행하는 데 도움을 줌으로써 문화 기업들의 경영 전반에 기여할 수 있다.

I. 문화 기업 운영

1. 문화 기업이란 무엇인가 —오랫동안 "문화 기업"이라는 표현 대신 문화 기관이나 문화시설이라는 표현을 사용해 왔지만, 이제는 "문화 기업"이라는 표현이 널리 쓰이고 있다. 이렇게 이 표현이 용인된 것은 문화 경영에 기업 정신

이 도입되었음을 말해 준다고 볼 수 있다. 다시 말해, 투자 결과를 중시하게 된 것이며 따라서 문화에도 경영학이 본격 도입된 것이다. 동시에 혁신도 일어났다. 문화 기업은 예술 창작에 기반하고 있으며 예술 창작은 산업적, 상업적 혁신을 일으킬 수 있는 능력과 무관하지 않다. 모든 기업이 그렇듯이, 문화 기업 역시 다양한 공연과 전시 및 어느 정도 재생산이 가능한 문화 상품들을 기획하고 실행하는 생산 시스템이라고 볼 수 있다. 따라서 고객을 상정한다. 물론 문화 시장에서는 고객이라는 말보다는 관객이나 이용자라는 말을 더 선호하고 있다. 하지만 고객이라는 말에 부정적일 필요가 없다. 정복하고 만족시켜줘야 하는 대중이 고객이기 때문이다. 떼려야 뗄 수 없는 독립성과 창작의 자유라는 이 두 가지 요소를 갖추고 있는 곳, 그것이 기업이다. 모든 문화 행위는 대량으로 유포되고 널리 알려짐으로써 홍보가 되어 이미지가 높아지는 것을 목표들 중 하나로 삼는다. 이는 일반 기업도 마찬가지이며 문화 기업은 문화 영역에서 이 목표를 추구하는 것이 다를 뿐이다.

문화 기업은 예술과 경영이 쌍을 이루어 작동할 때 제

대로 작동하는 기업이다. 영구적이든 한시적이든, 문화 프로젝트들을 기획 단계에서부터 실행 단계까지 이끌고 나가는 능력을 문화 경영이라고 부를 수 있다. 문화 기업 운영은 이렇게 언제나 창작과 경영이 쌍을 이루어야만 가능한 것이다. 이런 쌍을 이루어 강력한 힘을 발휘하며 작동하는 문화 기업들의 사례를 들자면 한이 없을 것이다 (1980년대에 피에르 불레즈와 카트린느 타스카가 함께 만든 앙상블 앵테르콩탕포랭Ensemble intercontemporain 현대 음악단을 들 수 있다).[1] 창작 기능과 상업적 기능은 서로 무관한 별개의 것들이 아니다. 창작은 고객의 요구에 응답할 수 있는 생산품을 규정하는 데서부터 시작하기 때문이다. 문화 기업에서 상업적 기능은 대표이사가 책임져야 하는 가장 중요한 업무다. 어떤 제품을 어떤 고객을 위해 생산할 것인지를 결정하는 사람이 바로 대표이사이다.

경영에는 기업 경영과 관리 경영, 두 가지가 있으며 둘은 상당히 다르다. 관리 경영은 공적 기금 등에서 나온 지

---

1 카트린느 티스카는 2000년부터 2002년까지 문화부 장관을 역임한 프랑스 여자 정치인으로 재임시 프랑스 현대음악 이론가이자 지휘자였던 피에르 블레즈와 함께, 1976년에 창설된 앙상블 앵테르콩탕포랭Ensemble intercontemporain을 활성화시켜 현대 음악 연주와 연구에 많은 공헌을 했다.(옮긴이)

원금을 최대한 활용하는 것을 의미하며, 반면에 기업 경영은 지출과 수익의 균형을 맞추어 나가는 것을 말한다. 지출과 수익의 균형을 맞추자면 지출을 엄격하게 통제할 수밖에 없고 동시에 수익에서도 더 많은 수익을 낼 수 있도록 혁신을 추구하지 않을 수 없다.

2. 문화 기업의 형태들

A) 공공 문화 기업과 민간 문화 기업 공공 문화 기업 혹은 준 공공 문화 기업은 활동 영역에 의해 민간 기업과 구분된다. 국가 전체를 놓고 볼 때, 몇 년 전부터 문화 기관들이 책임과 경영 모두에 있어 자율성을 확보해 나가고 있는 것을 볼 수 있다. 연극과 음악 같은 분야에서는 오래전부터 이런 자율성을 요구해 왔었다. 하지만 국립문학센터와 국립영화센터 같은 공공 문화 기관에서도 같은 요구를 한 것은 비교적 최근의 일이다. 박물관 분야에 있어서는 국립박물관연합(RMN, Réunion des musées nationaux)은 19세기 말인 1896년에 창설되었지만 퐁피두센터는 1977년에 세워졌고 이어 오르세와 루브르 박물관이 자체 예산과 법인 지위를 갖춘 공공 문화 기관이 되었다.[2] 이후 책임과 운

영의 자율성은 대세로 자리잡으면서 확산되어, 라빌레트Cité de la Villette, 원시예술 박물관Musée des Arts premiers, 건축마을Cité de l'architecture, 그랑 팔레Grand-Palais, 포르트 도레 이민사 박물관Cité de l'intérgration de la Porte Dorée 등이 자율성을 확보해 나갔다. 조형예술 분야에서는 국립조형예술센터Centre national des Arts plastiques(1982)와 국립사진센터Centre national de la photo(1982), 국립 그르노블 현대예술 센터Centre national d'art contemporain de Grenoble(1986), 국립 앙굴렘 만화 이미지 센터Centre national de la bande dessinée et de l'image d'Angoulême(1986), 투르코엥Tourcoing 소재 프레느와 현대 예술 국립 스튜디오Studio national des arts contemporains du Fesnoy 등이 자율성을 갖춘 채 세워졌다. 프라크FRAC와 지방에 있는 예술 센터들도 마찬가지다.[3]

지역을 놓고 볼 때, 프랑스는 음악학교, 도서관, 박물

---

2 국립박물관연합(RMN, Réunion des musées nationaux)은 프랑스 전국의 국립 박물관들의 소장품들을 대중에게 널리 알리기 위하여, 저작권 관리, 유물 구입, 전시회 조직, 관련 도서 출간, 입장료 관리 등을 관장하며 한편으로는 유물 수집과 구입 업무도 담당한다. 프랑스박물관국Service des Musées de France (SMF) 산하 기관이다. 약 1천 명 정도의 직원을 거느리고 있다. 루브르, 오르세 등 34개 국립 박물관이 이 기관 산하 박물관들이며 2011년에 그랑 팔레를 흡수 통합했다.(옮긴이)

관, 시립 고문서 보관소 그리고 심지어 역사 기념물까지 공기업이나 공단을 설립하는 방식으로 경영을 하고 있다. 하지만 시의 지원을 받는 각종 협회들이 늘어나고 있는데, 이 협회라는 조직은 경영 측면에서는 유연하다는 장점을 갖고 있기는 하지만 협회를 이끌어 가는 몇몇 사람들에게 개인적인 책임을 물어야 하는 불편함도 갖고 있다. 연극은 1945년 10월 13일 행정령에 의해 공연 기업이라는 독특한 지위를 누리고 있는 분야이다. 2002년에 법률이 제정된 이후 문화 협력 공공 기관들(Etablissements publics de coopération culturelle, EPCC)을 통해 프랑스 내에서 행해지는 문화 프로젝트들에 스스로 운영을 결정할 수 있는 자율성을 부여할 수 있게 되었다. 이 법으로 대략 10여 개 정도의 문화 프로젝트들이 빛을 봤다.

이렇게 탈중앙화하는 경영의 구체적인 사례들이 갈수록 늘어났다. 협회 지위를 얻어 운영되는 극장들, 지방과 도 단위의 지자체에 들어선 크고 작은 문화 사업소들, 앞

3 프라크FRAC(현대 예술 지방 기금, Fonds régionaux d'art contemporain)은 1982년 당시 문화부 장관인 자크 랑이 지방의 현대 예술 증진을 위해 설립한 기금이다. 국가와 지방 정부가 함께 기금을 마련해 지방 현대 예술가들의 작품을 구입, 소장한다.(옮긴이)

서 언급한 프라크(FRAC) 즉 현대예술 지방 기금 그리고 각종 페스티벌들이 탈중앙화하는 경영의 구체적인 사례들이다. 이와는 다른 민법적 지위를 갖는 문화 기업들도 있다. 민관 협력 사업을 상업적으로 추진하는 문화 기업들이 있는데 불로뉴 쉬르 메르의 노지카NAUSICAA, 제니트Zenith의 공연장들 혹은 오베르 쉬르 와즈의 인상주의의 성 등이 이런 사례들에 속한다.[4]

요약하자면, 문화 공기업과 문화 민간 기업은 각각 지향하는 목표에서 차이점들을 나타낸다. 민간 기업은 수익을 우선시해야 하는 반면에 공기업은 수익이 아니라 독자 생존을 지향하지만 이마저 거의 달성된 적이 없어 지원에 의존한다. 또한 두 기업의 차이는 경영에서도 찾아볼 수 있는데, 공기업의 수장이 져야 하는 책임은 민간 기업의 수장이 짊어진 책임보다 미미하다. 공기업의 수장은 종종

4 도버해협에 있는 불로뉴 쉬르 메르Boulogne-sur-Mer시의 노지카NAUSICAA는 해양 박물관이다. 노지카는 그리스 신화와 호메로스의 〈오디세이아〉에 등장하는 공주다. 그리스어로는 나우시카이다. 제니트Zénith는 자크 랑 문화부 장관이 만든 공연장으로 프랑스 전국에 17개소가 있다. 주로 대중음악 공연을 한다. 오베르 쉬르 와즈Auvers-sur-Oise는 파리 북부의 작은 마을로 반 고흐가 마지막으로 머물다 숨을 거둔 곳이다. 동생 테오와 그의 무덤이 있는 곳이기도 하다. 오베르 성에는 인상주의 시대를 재현해 놓은 전시실들이 있다.(옮긴이)

문화부 장관이 임명하기도 하고 이때 문화부 직원들의 동의를 받기도 한다. 이런 절차를 거치는 대표적인 곳이 국립드라마센터이다. 공기업과 민간 기업의 차이는 직원들의 위상이 서로 상당히 다르다는 데에서도 찾을 수 있다. 문화 공기업은 공무원을 고용할 수 있으며 때로는 파리 오페라처럼 별정직 인력을 고용할 수도 있다. 정부나 지자체의 지원을 받는 문화 공기업들은 심지어 민간인 신분의 인원도 고용할 수 있다. 따라서 인력 고용에 있어서는 공기업과 사기업 사이에 거의 차이가 없는 셈이다.

B) 민간 문화 기업의 활동 영역 민간 문화 기업은 실로 넓은 영역에서 활동한다. 영화의 경우 파테Pathé, 고몽Gaumont 같은 제작사, 유통사들이 있다. TV의 경우 TF1 혹은 RTL 등의 기업을 꼽을 수 있으며, 출판업에서는 라가르데르Lagardère 같은 대기업들과 악트 쉬드Actes Sud 같은 중소기업이 섞여 있다. 미술 분야를 보면 화랑을 비롯해 경매평가사, 전시회 기획사 등을 꼽을 수 있다. 그 외에도 수많은 영역들이 있는데, 민간 극장, 아르모니아 문디 같은 음반 출판사, 리모주에 있는 도자기 기업들과 같은 장식 예

술 업체들도 있는데 산업이기보다는 장인 예술에 속한다고 볼 수 있는 고전 가구업자들도 여기에 속한다. 산업디자인과 그래픽 제작사, FNAC 같은 대규모 서점에서부터 작은 규모로 운영되는 특수한 책을 제작, 판매하는 서점도 민간 문화 기업들이다.

3. 운영 방식들 — 결정권자와 제작자들은 문화 공학이 제공하는 방법과 경험을 활용할 수 있다.

A) 기업 경영　기업 경영은 기업의 규모에 따라 정해지는 운영 개념과 조직에 의해 지배를 받는다. 개인 기업의 경우에는 예술가나 장인 자신이 기획하고 실행하며 제품을 생산한다. 배포도 스스로 한다. 이런 개인 기업은 해당 분야에서의 인지도와 영향력을 생명으로 한다. 예를 들면 다니엘 뷔렌 같은 예술가는 지명도 있는 화랑에 의지하지 않고 독자적으로 많은 프로젝트들을 진행했다. 미겔 베로칼 같은 조각가는 단지 몇 사람의 직원들과 함께 홀로 주물을 하며 작업을 했는데 작은 기업체의 사장인 셈이다. 화가인 루이 칸은 자신이 파리에서 직접 운영하는 두 곳의

화랑을 통해 자신의 작품을 소개하고 판매했다.[5] 군소 출판업자들과 영화 제작자들 역시 엇비슷한 상황에서 일을 한다.

중급 규모의 극장, 출판사, 연주회 기획사들은 회사의 경영자보다는 예술가들에게 우선권을 준다. 대표적인 예로 피아노의 전신인 하프시코드 제작사인 나겔Nagel과 출판사 에디시용 드 미뉘를 들 수 있다.[6]

문화 기업에도 대기업들이 있는데, 예를 들면 민간 기업으로는 라가르데르 그룹(아셰트)을 들 수 있고, 공기업으로는 조르주 퐁피두센터가 대표적이다.[7] 이런 문화 대기업에서는 최고 행정 책임자들이 창작가들보다 우위를 점하고 있다. 하지만 출판의 경우 외부로부터 언제든지

---

5 다니엘 뷔렌(Daniel Buren, 1938-)과 루이 칸(Louis Cane, 1943-)은 프랑스 예술가들이고 미겔 베로칼(Miguel Ortiz Berrocal, 1933-2006)은 에스파냐 예술가다.(옮긴이)

6 출판사 에디시용 드 미뉘Editions de Minuit(미뉘는 프랑스어로 자정을 뜻함)는 2차대전 중인 1941년에 세워진 출판사이다. 누보 로망 같은 혁신적인 소설과 비평을 주로 출간하는 곳으로 유명하다. 두 명의 노벨 문학상 수상 작가와 평화상 수상자를 배출했다.(옮긴이)

7 라가르데르Lagardère 그룹은 산하에 출판(아셰트), 소매 체인점(공항, 역 등), 언론 방송, 광고, 스포츠 등의 영역에 걸쳐 수많은 기업들을 거느린 프랑스 재벌 그룹이다. 유명한 잡지 〈엘르ELLE〉나 〈파리 매치Paris Match〉 등이 이 그룹 소유다.(옮긴이)

작가와 일러스트레이터들을 영입해서 작업을 하곤 한다. 전시회도 마찬가지여서 퐁피두센터의 경우 예술가와 전시회 기획자들을 외부에서 영입하는 경우가 많다. 이들 문화 대기업들은 일반 대기업들과 마찬가지로 다양한 분야, 다양한 제품들을 기획, 생산한다.

B) 제품과 서비스의 개념 문화 기업들의 운영을 지배하는 여러 규칙들이 있다. 그 중에서도 제품과 그 품질 그리고 해당 시장의 세그먼트를 정확히 정하는 일이 가장 우선이다. 이 작업이 선결되어야 혁신을 하고 경쟁에서 이기기 위하여 기업의 제대로 된 위치 선정을 할 수 있다.

문화 기업이 함께 일을 할 창작자들을 선별하는 일은 전략적 성격을 띤다. 화랑을 예로 들면 창작자들은 화가, 조각가들이다. 1960년대에는 마그Maeght 화랑의 예술가들이 가장 큰 명성을 누렸다. 출판사의 경우에는 갈리마르 사의 작가들이 가장 훌륭했다. 영화 분야에서는 소설가, 시나리오 작가, 감독들이 창작자들이다. 창작자들의 수준이 올라가고 명성을 얻을수록 문화 기업 역시 좀 더 완전한 기업이 될 수 있지만 그러나 그렇다고 해서 이것이 언제나 수익과 연결되는 것은 아니다. 따라서 기업은 예술가들에게 대가를 지급할 방법을 강구하고 있어야 하며 기업의 문화 제품들을 배포하는 보급망을 갖추어야 한다. 그러나 이 분야에 있어서도 성공이 까다로운 조건을 만족시키는 제품의 질에 달려 있음은 두말할 나위가 없다.

어떤 제품을 제작하고 어떤 서비스를 제공할 것인지를 정하는 일은 문화 기업 운영에 있어 직관과 상상력을 요구한다. 가령, BNP(국립 파리 은행) 산하 특수 은행인 방크 드 라 시테La Banque de la Cité가 20여 년 전에 화랑 사업을 접고 영화와 공연 사업에 투자를 집중하기로 한 결정은 직관에 의거한 결정이었다. 1970년대 아르퀴리알Artcurial 역시 직관적으로 경매 물품을 다양화했다. 몽파르나스 멀티미디어 역시 직관에 의지해서 1990년대에 루브르 박물관을 비롯한 여러 기관들의 CD-ROM에 집중했다. 문화 시장에서는 잠재적 시장에 대한 직관에 근거한 콘셉트 없이 성공한 기업은 찾아볼 수 없다. 앵로큅티블Inrockuptibles, 텔레라마Télérama 등이 DVD 출시와 함께 큰 성공을 거두었으며, SAFI가 조직해 빌팽트에서 개최하는 메종 에 오브제Maison et Objets를 비롯해, FIAC, 도서전, 뮤지코라Musicora, 파리 포토Paris Photos 등 다양한 문화 엑스포들 모두가 이런 잠재적 수요와 경향에 대한 직관에서 시작했다.[8]

C) 제품 혹은 서비스의 생산 기업은 생산 구조를 갖추고 언제든지 스스로 배포를 할 수 있는 잠재적 유통업자이다. 창작자들에게 지급해야 하는 보수는 생산에 영향을 미치는 중요한 요소들 중 하나이다. 보수는 창작자들의 지명도에 따라 달라지며 동시에 일시불 지급 방식의 계약인지 아니면 총매출의 일정 비율에 따른 지급 계약인지에 따라서도 액수가 달라진다. 출판의 경우 영화나 TV에 비해 상대적으로 보수가 약하다. 그러나 기업 사장의 입장에서는 직원 월급 등을 포함해 생산에 관여하는 여러 요소

---

8 아르퀴리알Artcurial은 미술품에서 자동차와 보석에 이르는 희귀 소장품 전 품목을 거래하는 경매사이다. 흔히 레젱로크로 불리는 Les Inrockuptibles은 1986년 좌파 계열의 록 음악 주간지로 출발해 문화 정치 잡지로 변신했다. 텔레라마Télérama는 1947년에 설립된 문화 주간지로 2003년 이후 르몽드 사에 통합된다. 텔레비전 프로그램 소개지이지만 단순 정보지 이상의 깊이와 질을 보여주는 글을 싣는다. 메종 에 오브제Maison et Objets 전은 사피SAFI(Salon Français et Inernationaux, 프랑스 및 국제 살롱) 주최로 열리는 인테리어 소품들과 가구 분야 전문 전시회로 일 년에 2회 파리의 외곽 북쪽에 있는 빌팽트Villepinte 국제전시장에서 개최된다. 피아크FIAC(Foire internationale d'art contemporain, 국제현대예술시장)는 1974년 파리에서 시작되어 매년 열리는 현대예술 판매전이다.(옮긴이)

들로 인해 창작자들에게 돌아가야 하는 보수를 지나치게 낮추지 말아야 한다. 만일 이럴 경우 기업은 혁신 능력 일부를 상실하고 만다. 책과 음반의 경우 저자는 총매출 대비 5–10% 사이에서 인세를 받는다. 하지만 이 비율은 기업에 따라 천차만별이며 2%까지 떨어지기도 하며 심지어는 자비출판이나 선의 출판 등의 명목으로 0%인 경우도 있다. 연극, 영화, TV 방송에서 창작자들은 인세 개념이 아니라 일당 개념의 출연료를 받는다. 출연료는 대개의 경우 만족스러운 수준이긴 하지만 그러나 일 자체가 불규칙적이라는 단점을 갖고 있다. 석판화 같은 장인 업종의 경우 예술가들의 보수는 상당히 높은 비율로 정해지곤 한다. 석판화의 경우 판화가에 30–70%, 제작에 10%–20%, 기타 인건비가 5%–10%이다. 출판에서 편집자의 보수는 출판 대상이 된 예술가의 지명도에 대한 추정 기대치에 따라 정해진다.

생산에서 하도급에 의존하는 것은 문화 기업에서도 중요한 문제다. 질을 유지하기 위해서는 기업이 직접 생산할 수 있는 능력을 갖추어야만 한다. 이것은 이상적인 경우인데 홀로 일하는 예술가의 경우가 이에 해당한다. 하지만 기업이 매출을 올리고 월급 사원을 채용하는 경우 생산 과정의 일부를 하청 줄 수밖에 없다. 이 경우 부지런하게 하청 기업을 통제할 수 있어야 한다. 좋은 아이디어나 생각이 곧 좋은 제품의 생산을 의미하지 않기 때문이다. 문화 기업의 전문성은 다름 아니라 처음 출발점에서의 아이디어가 최종 생산품으로 이어지는 연속성에 존재한다.

D) 공급과 수요 어떤 방식을 통해야 기획되고 생산된 제품이 고객들에게 환영을 받을 것인가? 이 문제는 기업의 사장에게 끊임없이 제기되는 문제들 중 가장 중요한 문제다. 문화 기업의 경우 다른 산업 분야나 대량 소비재 분야보다 불확실성이 더욱 크다. 문화 제품은 훨씬 주관적인 판단의 대상이 되며 나아가 종종 대중의 욕망을 지나치게 앞질러가는 경향을 지니기 때문이다. 예를 들어, 서적과 음반의 온라인 판매가 이 경우에 해당한다. 온라인 판매가 서점에서의 판매를 넘어서는 데 대략 10년이 걸렸다.

E) 운영 도구들 기업을 일구겠다는 의지는 기업 운영의 기초다. 이 의지로부터 동일한 목표를 추구하고 같은 의

무와 규약에 복종하는 구성원 전체의 연대 의식이 발생한다. 기업 운영 도구들은 이 전체의 연대 의식을 구체화하는 방법들이다.

문화 기업의 산업 활동은 모든 기업들처럼 총매출의 변화를 통해 측정할 수 있다. 총매출과 하청을 준 부분 간의 차이로 규정되는 영업이익은 별도로 계산되곤 한다. 기업의 입장에서는 총매출을 기준으로 고정비용을 계산한다. 따라서 하청을 준 비율이 많을 경우 아무리 총매출이 많아도 이는 허수에 지나지 않는다. 결국 영업이익은 그리 크지 않은 것이기 때문이다. 영업이익이 크고 하청이 작은 것이 큰 총매출에 영업이익이 적은 것보다 좋은 것이다. 문화 기업의 경우, 영업이익의 비중이 기업의 가치를 일러주는 중요한 수치다.

기업의 결산은 얼마나 경영 통제를 잘 했느냐에 비례한다. 기업은 여러 결과들을 낳는다. 이 결과들은 민간 기업과 공기업에 따라 서로 다른 방법으로 분석된다. 민간 기업의 경우 재투자되거나 주주들에게 배당되는 이익 전체가 가장 중요한 결과다. 하지만 공기업의 경우 사용자들의 방문 빈도와 인지도로 표시되는 대중의 만족도를 통해 결과가 나타난다.

기업 운영의 마지막 도구는 처음에 구상했던 제품과 이 제품이 시장에서 받아들여지는 방식 사이의 적합성을 확인, 보장하는 것이다. 시장이 원하지 않는 제품은 제품이 아닌 것이다. 따라서 유행을 좇아야 하며 대중의 의견을 존중해야 한다. 그러면서도 때론 이런 유행과 대중의 의견을 한 발 앞서 나가기도 하며 방향을 전환시키거나 하면서 강력한 창조성에 충성을 보이도록 유도해야 한다. 제품의 반응을 알려주는 몇 가지 지표들을 얻을 수 있고 이 지표들은 상당한 중요성을 지닌다. 수신된 메일을 분석할 수도 있고 나아가 송신 메일에 대한 응답 비율이나 의견도 자료가 되면 정기구독이나 정기 구매 지수를 파악할 수도 있다.

다른 분야보다 문화 기업에서 더욱 중요한 또 다른 운영 도구는 인적 자원이다. 인적 자원은 문화 기업의 기본 중의 기본이다. 왜냐하면 문화 기업에서 인간은 "가장 중요한 자산"이기 때문이다.

II. 문화시설과 문화 공학

최근 30년 동안 프랑스 전역에 많은 문화시설들이 들어섰다. 완전히 새로 지은 것도 있고 리모델링한 것도 있는데, 이 현상은 마치 중세인 12세기에서 15세기에 걸쳐 프랑스 전역에 수천 개의 크고 작은 성당들이 들어서던 현상을 떠올리게 한다. 수치를 보면 깜짝 놀라지 않을 수 없다. 역사 기념물이 42,310건, 고고학 유적지가 444,000개, 프랑스 박물관 지위를 부여받은 박물관이 1,201개, 공공 도서관이 4,319개, 대중음악을 비롯한 버라이어티 쇼 등의 공연이 31,825회 이루어졌으며, 문화부의 지원을 받는 공연장이 471개, 국립 드라마 센터가 38곳, 국립 극장이 69개, 영화관이 5,366개, 지자체의 지원을 받는 음악학교가 3,714개……. 문화시설물의 전체적인 경향은 이벤트성이 강하고 가벼운 추세를 보이고 있다. 최근 10년 동안을 살펴보면, 현대미술 전시회가 다양한 장소에서 이루어졌고, 제니트 같은 대중 공연장, 작은 예술 공연장과 연습실 등이 많이 건설되었다.

이 문화시설들은 문화 정책이 구현되는 현장이자 살아있는 재료 같은 곳들이다. 문화 공학은 바로 이 문화시설들을 정의하고 연구하며, 구현하고 경영하는 방법을 제시하는 학문 분야이다. 문화시설들은 개념이 규정되어야 하며 분류되어야 하고 나아가 체험해 봐야 한다. 이는 이 문화시설들이 원활한 작동을 통해 최선의 결과를 도출하도록 하기 위해서이다.

문화시설은 비영리적 목적으로 운용되는 국가 재산이자 제도로서, 일반 대중과 창작자들의 작품을 연결시켜주며 이를 통해 문화 유산의 보존, 예술 창작과 교육을 북돋고 나아가 예술 및 정신적 작품의 배포를 촉진하는 역할을 한다. 이를 위해 이런 예술적, 제도적 임무 수행에 적합한 단독 건물이나 여러 채의 건물로 이루어진 복합 공간을 확보해야 한다.

1. 문화시설 구분 (2010년 통계) —문화시설들을 규모, 지명도, 운영 예산 등 세 가지 기준에 맞춰 구분한다.

A) 규모 문화시설의 규모는 예산, 방문 빈도, 면적 등이 주요 기준이다.

건립 예산. "대 파리 프로젝트" 급의 문화시설 건립 예산은 1억 5천만 유로에서 많게는 5억 유로에 이른다(물론 10억 유로가 소요된 프랑스 국립도서관의 경우에는 이런 평균 액수를 훨씬 초과했다). "대 지방 프로젝트"의 경우에는 대략 1,500만 유로에서 많게는 1억 5천만 유로의 예산이 투자되었다. 시 단위의 중간 급 투자는 150만 유로에서 1,500만 유로 정도다. 가장 작은 문화시설 투자 금액은 150만 유로 이하의 시설들을 마련하는 프로젝트들이다.

운영 예산. "대 파리 프로젝트" 급의 문화시설의 운영 예산은 연간 150만 유로에서 1억 5천만 유로에 이른다(바스티유 오페라, 퐁피두센터, 라빌레트 과학 산업 시테). "대 지방 프로젝트"의 경우에는 대략 연간 100만에서 1,000만 유로 정도가 소요된다(그르노블 문화의 집, 빌라 메디치, 리옹 오페라, 몽펠리에 오페라 등). 시 단위의 중간급 운영예산은 50만에서 2백만 유로 정도다(미술 학교 운영에는 100만 유로가 소요될 수 있으며 중간급 박물관의 경우에도 비슷한 금액이 필요하다. 공연실 운영에는 백만에서 2백만 유로가 소요된다). 가장 작은 시설 운영비는 1년에 대략 15만 유로 정도가 소요된다.

초대형 문화시설들은 연간 백만 명 이상의 관람객들이

찾는 것으로 조사되었다. 이런 초대형 문화시설에는 루브르 박물관(2010년 기준, 850만 명), 퐁피두센터(2010년 기준 590만 명), 베르사유 궁(2009년 기준, 566만 명), 오르세 박물관(2009년 기준, 303만 명), 라빌레트 과학 산업 시테(304만 명), 몽생미셸(2009년 기준, 127만 명) 등이다.[9]

이어 1년에 10만 명 이상의 관람객들이 찾는 문화시설들이 있다. 노트르담 드 파리 대성당 종탑(2009년 기준, 41만 6천 명), 샹보르 성(2009년 기준, 79만 명), 슈농소 성(2009년 기준, 85만 명), 앙제의 르네 왕 성(2009년 기준, 13만 4천 명) 등이다.[10]

하지만 대부분의 문화시설들은 1년에 만 명에서 10만 명 사이의 관람객들이 찾는 곳들이다. 클뤼니 수도원(98,100명), 마르세유 이프 성(75,600명), 생 레미의 글라눔 고대 유적지(62,411명), 랭스의 토 성 등등이 이 카테고리에 속한다.[11]

---

9 루브르 박물관은 2018년에 마침내 관람객 1천만 명 시대를 열었다. 한 해 전인 2017년의 810만 명보다 25% 늘어난 것이다.

10 샹보르, 슈농소, 앙제의 르네 왕 성(일명 르네 당주 성) 등은 모두 프랑스 중부 루아르 강변에 위치한 중세, 르네상스 성관들이다. 이 강 일대는 유명 관광지이자 유네스코 지정 인류문화유산이다.(옮긴이)

11 클뤼니 수도원abbaye de Cluny은 프랑스 중동부 부르고뉴-프랑슈콩테 지방의

이 외에 대략 60여 개 정도의 작은 문화시설들은 년간 5만 명 이하의 적은 관람객을 받는다.

문화시설의 규모는 관람객만이 아니라 시설의 면적으로도 가늠할 수 있다. 초대형 시설로는 파리에 있는 퐁피두센터(65,000㎡, 주차장 제외), 라빌레트 과학산업시테(150,000㎡), 국립 프랑스 도서관(300,000㎡) 등이 있다. 지방에서는 5만㎡에서 1만㎡ 사이의 문화시설들이 많다. 그르노블 박물관(12,000㎡), 님 카레 다르Carré d'Art de Nîmes(15,000㎡) 리모주 미디어테크(12,000㎡) 등이 이 범주에 속한다.[12]

다른 문화시설들은 중간 정도의 규모(1,000㎡에서 10,000㎡ 사이)를 갖추고 있다. 독일과의 국경에 위치한 게브빌레르Guebwiller 도미니크 수도원(5,000㎡), 생 사뱅 국

중세 수도원이며, 이프 성château d'If은 마르세유 앞 바다의 외딴 섬으로 감옥으로 쓰던 곳이다. 뒤마의 〈몬테 크리스토 백작〉에서 젊은 당테스가 갇혀있던 곳이다. 생 레미의 글라눔 고대 유적지Glanum Saint-Rémy는 프로방스 지방의 고대 그리스, 로마 유적지다. 랭스의 토 성palais archiépiscopal du Tau à Reims는 랭스 대성당 바로 옆에 위치한 대주교 관사다. 1차 대전 때 파괴된 것을 복원해서 박물관으로 쓰고 있다.(옮긴이)

12 님 카레 다르Carré d'Art de Nîmes는 1952년에 화재로 소실된 님므 극장 자리에 1993년에 들어선 현대예술미술관이자 시립도서관이다. 영국인 건축가 노먼 포스터의 작품이다.(옮긴이)

제 벽화 센터(1,000㎡), 빌뢰르반느 도서, 이미지, 소리 집(5,100㎡), 블루아의 곡식 창고(3,000㎡) 등이 이 카테고리에 속한다.[13] 이 문화시설들보다 더 작은 규모의(면적이 1,000㎡ 이하) 시설들도 많다. 브르타뉴 지방 캥페르 시의 현대예술 센터, (알자스의) 셀레스타 FRAC(지방 현대 예술 기금, Fonds régional d'art contemporain), (브르타뉴 지방의 코트-다르모르 소재) 라로슈 자귀 성 등이 이에 속한다.

B) 인지도　규모가 크지 않은 문화시설도 높은 인지도를 보일 수 있다(엄청난 인지도를 갖고 있는 마그 재단이 전형적인 사례다).[14] 규모에 비해 이런 높은 인지도를 갖게 된 배경에

---

13 게브빌레르Guebwiller 도미니크 수도원은 알자스 지방에 있는 옛 수도원이다. 생 사뱅 국제 벽화 센터centre international de l'art mural de Saint-Savin는 프랑스 서부 아키텐 지방에 있는 수도원으로 로마시대에 그려진 천장화로 유명한 곳이다. 빌뢰르반느 도서, 이미지, 소리 집Villeurbanne Maison du livre, de l'image et du son은 리용 인근에 있는 빌뢰르반느 시의 멀티미디어 도서관이다. 블루아의 곡식 창고Halle aux grains Blois는 프랑스 중부의 블루아 시에 있는 옛 곡식 창고를 개조한 공공 문화시설이다.(옮긴이)

14 마그 재단Fondation Maeght은 1964년 니스에서 25km 떨어진 생폴드방스Saint-Paul-de-Vence에 미술상인 에메 마그Aimé Maeght가 문을 연 현대미술관을 운영하는 재단이다. 호안 미로Joan Miró, 알렉산더 콜더Alexander Calder, 페르낭 레제Fernand Léger, 조르주 브라크Georges Braque, 알베르토 자코메티Alberto Giacometti, 샤갈Marc Chaga 등 현대미술의 걸작들이 소장되어 있다.(옮긴이)

는 소장품의 미학적 가치와 질 높은 기획 전시 그리고 국제적인 인지도 등이 작용했다.

C) 임무

—유물 보존: 고고학적 유물, 도서류, 고문서류 보존. 전시장 제공(박물관, 역사 기념물), 참고실 제공(도서관, 고문서 열람실)

—보급: 공연장(연극, 연주장), 밀티비니어(비디오테크, 디스코테크, 미디어테크, 영화관)

—창작: 창작 지원(화가들의 아틀리에 제공, 연습실, 음악, 무용, 연극의 시연장), 간접 창작 지원(전시회, 공연, 연주 등)

—교육: 특수 교육(미술 학교, 음악학교), 직업 교육(국립문화유산학교 'INP Institut national du partimoine,' 에콜 데 샤르트르Ecole des chatres, 파리 도핀 대학, FEMIS, Institut superieur de management culturel 'ISMC', 고등 상업 학교Ecole des hautes études commerciales 'HEC' 등) 일반 교육(문화유산 교육, PAC, 기타 각급 학교 교육 등)

2. 다양한 문화시설들

A) 박물관 프랑스 박물관처(Service des musées de France)로부터 박물관 등급이나 박물관 대우 승인을 받기 위해서는, 특히 2001년 법률에 의해 새롭게 제정된 명칭인 "프랑스 박물관"이라는 명칭을 받기 위해서는 과학적, 문화적 프로젝트를 통해 작품들을 정확하게 대중들에게 전시할 수 있는 공간과 소장품을 갖추고 있어야만 한다.

국립 박물관은 국가로부터 지원을 받는 정도가 아니라 국가가 직접 운영한다. 이 경우 국가가 지휘하는 공공 기관으로 지정되거나 혹은 위임을 받은 협회 기관들이 운영하기도 한다. 시립 혹은 도립 박물관들은 대부분 공단 개념의 형태를 취한다.

하지만 알자스 에코뮈제는 민관이 공동 투자한 회사 형태로 운영되고 있으며, 보르도 현대 예술 박물관은 1901년 법에 의거해 오랫동안 협회라는 위상을 유지해왔다.

국가는 시립 박물관을 인정해 주면서 문화부를 통해 박물관 건립 비용의 40%에서 50%를 대신 부담했으며 나아가 국가가 지명한 학예사를 시립 박물관 관장 자리에 취임시킬 수 있었다.

박물관들은 오랫동안 주로 미술에 관련된 유물들을 보존 전시하는 곳이었다. 하지만 오늘날에 와서는 역사와 사회가 박물관의 주된 활동 영역이 되었다. 그러나 아직 박물관 지위를 얻고 있지 못하고 있지만, 현대미술 지역 기금(Fonds régionaux d'art contemporain, Frac)은 미술에 치중된 사명을 수행하고 있다.[15]

B) 역사 기념물 역사 기념물은 엄청난 양을 보인다. 따라서 대중에게 공개되는 것들만 문화시설 범주에 포함시킬 수밖에 없다. 그러나 상당한 양의 역사 기념물들이 개인 소유물로 남아있기 때문에 아무리 국가가 이를 대중에게 공개하라고 권유해도 여전히 많은 양은 문화시설 범주에 들어오지 못하고 있다.

소유주가 허락하는 경우 해당 물품은 역사 기념물로 분류되고 등록된다. 이 작업을 통해 국가는 역사 기념물에 대해 의무를 지게 되는 셈인데 특히 기념물 보호와 전체

15 현대미술 지역 기금은 1982년 문화부 장관인 자크 랑Jack Lang이 각 지방에 현대 예술을 소개하고 정착하도록 하기 위하여 국가와 지자체가 함께 조성한 현대미술 수집 전시 기금이다. 작은 규모의 미술관들을 운영하고 있다.(옮긴이)

비용의 40%에 달하는 비용 분담 등의 책임을 져야 한다. 물론 책임은 국가만이 아니라 그 소유주도 나머지 부분에 대해 동등하게 져야 한다.

문화유산처는 국가기념물 센터(Centre des monuments nationaux, 구 역사 기념물 유적 국가 기금Caisse national des monuments et de sites)의 도움을 받아 일을 진행한다. 국가기념물 센터는 국가가 소유하고 있는 역사 기념물을 관리하는 책임을 지는 기관으로, 몽생미셸 수도원이나 루아르 강 인근의 유명한 고성인 아제르리도 성 등이 국가기념물 센터의 책임하에 관리, 운영된다.[16]

일정한 소장품을 갖추고 있는 역사 기념물은 박물관으로 지정될 수 있다. 그렇지 못할 경우에는 대중에게 특수한 방식으로 고안된 대체 볼거리를 제공할 수도 있다. 팔레즈 성이나 오베르 쉬르 우아즈 성 등이 이런 경우들이다.[17]

---

16 아제르리도 성Azay-le-Rideau은 중세의 성을 헐고 16세기 초인 1527년, 프랑스와 1세가 지은 르네상스 성관이다. 유명 고성 지대인 프랑스 중부 루아르 강 인근에 있다.(옮긴이)

17 팔레즈 성château de Falaise은 노르망디 지방에 있는 일명 정복왕 기욤(영어명 윌리엄)의 성으로 알려진 곳이다. 오베르 쉬르 우아즈 성château d'Auvers-sur-Oise은 인상주의 화가들이 자주 찾았던 파리 교외의 작은 성이다. 특히 반 고흐가 마

C) 극장 연극을 전문으로 공연하던 오래된 극장 건물들은 역사 기념물로 지정되어 있다. 이들 중에는 17, 18세기에 지어진 것들도 있다. 대부분은 19세기 건물들이다. 앙드레 말로 이후인 1960년대에 지어진 것들도 있다. 극장의 수명은 수요와 공연 설비들의 수명 들을 고려할 때 그리 길지 않은 것이 현실이다. 앙드레 말로가 세운 극장이자 문화의 집인 아미엥과 그르노블 극장은 지어진 지 30년이 지나 최근에 전면 보수되었다.

극장은 연극만이 아니라 음악, 오페라, 무용 등의 공연도 할 수 있다. 나아가 문화부의 중요한 부서인 예술 창조처에도 소속되어 있다.

D) 음악 홀 기술의 발달에 힘입어 오디토리엄, 즉 음악 홀은 음향만이 아니라 퐁피두센터의 IRCAM에서 볼 수 있듯이 공간의 모듈화도 꾀할 수 있는 정도가 되었다. 음악 홀에는 보통 전문적인 녹음 시설들이 갖춰져 있다. 하지만 리옹에 있는 음악 홀과 같은 음악 전용 음악 홀은 드물다. 그 이유는 건설과 운영비가 많이 들기 때문이다. 1980

지막으로 머물렀던 곳으로 유명하다.(옮긴이)

년대 말, 리카르도 보필이 지은 메스 아르스날 음악 홀과 1995년 완공된 음악 시테Cité de la musique의 음악 홀의 경우 최고의 시설을 갖추고 있다. 라빌레트 안에 있는 음악 시테Cité de la musique의 음악 홀은 건축가 장 누벨이 건축을 담당했는데 이는 자크 시라크의 마지막 문화적 업적들 중 하나로 기록되어 있다.

타) 도서관 흔히는 도서관이라고 부르지만, 20여 년 전부터는 경우에 따라 미디어관으로 부르기도 한다. 책만이 아니라 음악과 영상을 동시에 취급하기 때문이다. 그러나 대부분의 도서관들은 여전히 도서와 문서를 중심으로 건설 운영되고 있다.

도서관은 상대적으로 다른 문화시설에 비해 많이 신축되었다. 빌뢰르반, 샹베리, 보르도, 리모주, 루앙 등지의 도서관들이 새로 지어진 시설들이다. 이들 도서관 운영은 시가 담당한다.

도서관 운영은 공공 도서 독서과Service du livre et la lecture publique가 제정한 운영규범에 따라 이루어진다. 이 기관은 전체 투자의 대략 40% 정도를 부담한다.

F) 예술 센터 1981년 자크 랑 문화부 장관의 새로운 조형예술 정책이 시행되면서 함께 자리를 잡기 시작한 예술 센터는 문화시설들 중에서는 가장 최근의 것에 해당한다. 현대예술 센터는 문화부 내의 조형예술과의 통제를 받으며 기획전시를 할 수 있는 공간과 설비를 갖추고 대중들에게 현대미술을 소개한다. 그르노블의 현대예술 센터나 니스에 있는 아르송 빌라 등이 이런 전형적인 예술 센터들이다. 전시실과 야외 조각 공원을 함께 갖추고 있는 예술 센터들도 있다. 가령, 모르비앙에 있는 케르게에네크 공원, 리무쟁의 바시비에르 공원 등이 좋은 예들이다.[18] 문화부 내의 조형예술과가 이들 예술 센터의 운영을 맡은 협회들에 국가 지원금을 교부하는 형태로 운영비를 댄다. 현재 20개 정도의 예술 센터들이 국가의 지원을 받고 있으며 민간이 운영하는 예술 센터도 여러 곳 있다. 원칙적으로 이들 예술 센터는 소장품을 갖추고 있지 않다. 물론 예외적인 경우가 없는 것은 아니다.

---

18 모리방Morbihan은 프랑스 북서부 브르타뉴 지방의 해안가 마을이다. 리무쟁Limousin은 프랑스 중부 지방으로 현재는 사라진 이름이며 새로운 아키텐이라는 뜻의 누벨 아키텐Nouvelle-Aquitaine 지방에 통합되어 있다.(옮긴이)

G) 미술, 음악학교 미술 음악학교는 젊은 층에게 열려 있는 매우 특수한 문화시설들이다. 젊은 층은 이곳에서 조형예술과 음악 분야의 직업 교육을 받을 수 있다. 이 학교들 중 일부는, 생테티엔느 학교처럼 전시실을 갖추고 있는 곳도 있고, 아미엥에 있는 음악학교에는 음악 홀도 구비되어 있다. 안타깝게도 이런 문화시설들에 대한 국가의 지원이 갈수록 제한을 받고 있다.

H) 다용도 문화시설 다용도 문화시설이라는 분류가 모호하기는 하지만 국립으로 운영되는 무대장치를 갖춘 곳을 비롯해 기타 문화적 활동을 하는 장소들을 아우른다. 딱히 연극이라고 할 수는 없지만 여러 장르가 혼합된 공연이 가능한 곳을 말한다.

"제니트"로 명명된 공연장은 록 페스티벌도 할 수 있고 기타 다양한 음악 공연장으로 사용될 수 있다. 뿐만 아니라 다양한 성격의 대중 집회도 가능하며 각종 컨벤션도 개최할 수 있다.

I) 도 혹은 시 단위 고문서 보관소 문화유산처 산하 프랑스

고문서과(service des archives de France)의 지휘를 받는 이 보관소들은 소장직의 임명을 제외한 모든 부분에서 시 혹은 도의 책임하에 운영된다. 갈수록 전문가들은 물론이고 일반인들의 큰 관심을 받고 있다.

J) 영화관 일반 상업 영화관이 아니라, "예술과 실험"이라는 마크를 단 여러 개의 영사실을 갖춘 곳을 문화시설로 간주한다

지금까지 살펴본 문화시설들은 문화부의 여러 하위 부서들인 해당 처Direction에 속해 있다. 이 처는 문화시설 설립, 개혁, 유지를 감독한다.

3. 문화시설의 운영

A) 예산 문화 예산 배정은 앞서 살펴보았듯이, 대부분의 경우 국가(20–40%), 지방, 도, 시 등 4개 단위에서 중복해서 이루어진다. 반면 운영비는 시 단위에서 대부분 부담한다. 그 비율은 90–100%에 달한다.

도 단위 지자체는 고문서, 대출 전문 도서관, 일부 역사 기념물 등의 운영에 예산을 지원한다. 음악 학교나 박물

관 등은 도 단위에서는 거의 지원하지 않는다.

지방 단위 지자체는 문화시설에 대한 지원을 거의 하지 않는다. 예외가 있다면 시급하게 확보한 역사 기념물이나 현대예술 지방 기금 등이 있으며 2007년 이후 시행되고 있는 문화 유산 일제 조사 등에는 예산을 지원하고 있다.

대부분의 문화시설들은 공기업 규정을 따라야만 한다. 그런데 대부분의 경우 공기업 자체 수익원이 아주 미미해서 시설 재정에 거의 도움을 주지 못하기 때문에 자연히 문화시설 책임자들은 재정 문제에 있어서는 거의 책임을 지지 않는다. 심지어 시 예산에서 문화시설 예산이 독립적으로 책정되는 경우도 드물다. 다른 문화시설들(예술 센터, 문화의 집, 역사 기념물 등)은 정부 지원을 받는 협회들을 통해 운영된다.

문화시설들 중에서 가장 수익성이 떨어지는 곳이 도서관들이다. 입장료가 없는 곳이기 때문이다. 물론 정기권을 끊을 때 상징적으로 약간의 금액을 내는데 기부금 성격이다. 프랑스 국립 도서관의 경우는 이 정기권료가 일 년에 50유로 정도 되는데 이 금액은 상징성을 뛰어넘는 액수다.

B) 팀 문화시설을 운영하는 사람들은 별정직 공무원일 때도 있고 민간과 공공 부문에서 계약을 통해 고용된 인력일 수도 있다. 박물관 학예사들은 국립문화유산연구소를 졸업한 후 시험을 통해 선발되며, 역사 기념물의 경우에는 학예사와 건축가가 선발되는데 이들은 문화부 내 산하 부서인 문화유산처 소속이다. 그 외에 도서관 사서 등 다양한 인력들이 필요하다.

국립 극장의 경우에는 문화부 장관이 지명하는 민간 계약자들이 운영을 맡게 되고, 시립 극장의 경우에는 채용 공고를 낸 후 시장이 선발한다. 기타 음악 홀의 경우에도 같은 방식으로 운영진을 선발한다.

반면 현대미술 센터의 운영은 미술 전문가들에게 맡겨지는데 이들은 다시 집행위원회의 통제를 받는다. 현대미술 센터의 운영자 선발은 공고에 의거하여 진행된다.

미술, 음악학교 운영자들은 이들 학교의 시 공무원 교사들 중에서 선발된다.

문화시설 운영에는 전혀 학문적, 문화적이지 않은 분야들이 필요하다. 시설 경비, 보안, 청소 업무들이 그것인데 이런 분야의 일들은 대개 외주를 주어 처리한다. 민속학 박물관인 케 브랑리의 경우 이런 업무들을 외주를 주어 처리함으로써 전체 직원을 백여 명 수준으로 줄일 수 있었다.[19]

C) 감독　감독은 문화부 내의 해당 부서가 맡는다. 역사 기념물의 경우 감독 부서가 두 곳이 된다. 건축가와 역사 기념물 학예사가 함께 일을 하기 때문이다. 건축가들은 건물 자체의 공사와 관련된 부분에 대해 책임을 지며, 학예사들은 건물과 가구의 보존 및 기념물 활용 사업에 책임을 진다. 미술과 음악학교들은 해당 시청의 감독을 받는다. 하지만 교육과 관련된 통제는 미술, 음악 교육감사를 통해 이루어진다. 박물관들에 대한 감독은 지역 박물관 감사관들에 의해 이루어진다. 국가 지원을 받는 극장에 대한 감독은 예술 창작 감사원Inspection générale de la création artistique에 의해 이루어진다.

19 케 브랑리 박물관musée du quai Branly은 자크 시라크 대통령 당시 건립된 파리 센 강의 브랑리 강변, 에펠탑 바로 옆에 있는 민속 박물관이다. 정식 명칭은 아프리카, 아시아, 오세아니아 아메리카 예술 문명 박물관musée des arts et civilisations d'Afrique, d'Asie, d'Océanie et des Amériques이다. 2006년에 문을 열었고 십 년 후인 2016년에 설립자인 자크 시라크 전 대통령 이름을 따서 자크 시라크 박물관으로 부른다.(옮긴이)

4. 문화시설의 이용자들 ―일부 문화시설의 이용자들은 시설 운영에 관여하기도 하는데 이를 통해 이용자들의 시설에 대한 충성도를 높일 수 있다. 1901년 법에 의해 규정된 협회 형태로 운영되는 시설들이 이 경우에 해당한다. 이점으로는 회원들의 시설물의 운영과 관리에 대한 적극적인 참여를 들 수 있는데 루브르 박물관의 마르상 관에 자리잡고 있는 국립장식예술연맹을 들 수 있다. 그러나 불리한 점도 있는데, 회원들이 운영위원회의 활동에 대해 문제를 제기하여 충돌이 일어나곤 해서 시설물의 원활한 운영을 저해하기도 한다.

이용자들의 참여는 친구 협회나 혹은 후원자 협회 등을 통해 이루어지기도 한다. 박물관의 경우, 친구나 후원자 협회는 직업 운영에 참가하는 협회 회원들을 제외시키며 유물 구입 등을 관철시킬 수 있는 등 여러 이점을 제공한다. 연극이나 음악의 경우에는 후원자들로부터 자유스럽게 젊은 창작자들을 후원하는 기금을 모을 수가 있다.

문화 시장에 이어 창작자와 대중의 만남이 이루어지는 또 다른 현장인 문화시설은 생각보다 훨씬 다양하다는 것을 알 수 있다.

III. 이벤트 문화 공학

문화 이벤트는 문화 공학이 적용되는 두 번째로 큰 대형 영역이다. 하나의 문화시설을 기획하는 첫 번째 단계에서 대중을 만나는 단계에 이르기까지, 문화 행사, 즉 문화 이벤트들은 예술 창작과 대중들 사이를 연결하는 핵심 역할을 한다.

1. 최근의 개발 상황 —지금부터 대략 30년 전쯤에는 문화시설들을 크게 두 가지로 분명하게 구분할 수 있었다. 대중들에게 상시 활동을 제공하는 문화시설들(도서관, 박물관, 역시 기념물 등)이 있고 다른 한편에는 한시적인 성격의 문화 활동들을 제공하는 시설들(극장, 음악 홀, 오페라, 전시회 등)이 있다는 분류가 가능했던 것이다.

그러나 이 구분은 앙드레 말로가 문화부 장관에 취임하면서 대형 전시회였던 피카소와 투탄카멘 전이 열리면서 유명무실해졌다. 오늘날에는 그 어떤 문화시설도 상시 활동만 하지 않는다. 심지어 도서관이나 고문서 보관소 같은 곳들도 전시회를 열고 있는 것이다.

문화 이벤트는 그때 이후 문화부보다 훨씬 엄격하고 신

중할 수밖에 없는 교육부 산하의 각급 교육기관들이 펼치는 활동들과는 전혀 다른 활동으로 문화시설들만이 제공할 수 있는 정상적인 활동으로 자리매김하기에 이르렀다. 문화부는 유희적 성격이 강하고 교육부는 교육적 성격이 강한 활동을 제안할 수밖에 없다.

옛날에는 외로운 학자에 만족해야 했던 학예사는 이제는 전시회를 조직하는 전시 기획자로서의 활동도 할 수 있게 되었다. 전시회는 이제 유물과 자품을 보존하는 박물관 업무의 일부가 되었으며 학예사는 외로운 학자scientifique solitaire가 아니라 잘 연대하는 학자scientifique solidaire가 된 것이다.

극장, 음악 홀, 예술 센터 등과 같은 문화 이벤트 전용 공간의 책임자들은 이 잘 연대하는 학자로서의 면모를 갖추고 업무를 수행해야 한다. 종종 현장 예술가가 단순히 연주나 연기만 하는 선에 머물지 않고 직접 행사 전체를 조직하는 책임을 진 채 예술 지도를 하는 경우가 있다(쟁가로가 대표적인 예이다).[20]

---

20 쟁가로Zingaro는 프랑스의 유명 기마 곡예단이다. 기마 곡예는 서커스에 무용과 스펙터클을 혼합한 새로운 유형의 무대다. 프랑스에서는 바르타바Bartabas

십여 년 전부터 "현대미술 전시회 커미셔너"들이 나타나기 시작했다. 이 직종 이름은 젊은 비평가들에게 주어진 것인데 이들은 공공 기관이나 민간단체를 위해 전시회를 기획하고 홍보하는 역할을 한다. 이들은 전문가들이면서 동시에 혁신적인 무대나 전시장을 선보일 수 있는 연출가들이기도 하다(니콜라 부리오Nicolas Bourriaud, 제롬 상스Jêrôme Sans등을 들 수 있다. 이들은 1990년대 말 파리 팔레 도쿄Palais de Tokyo에서 현대예술 사이트Site d'art contemporain전을 열었고 이어 같은 파리에서 백야라는 뜻의 라 뉘 블랑쉬La Nuit blanche전을 열기도 했다).[21] 독립 프로젝트들을 기획하는 이들은 문화 이벤트의 생산 방식과 유통 경로를 다양화하는 데 큰 기여를 했다.

2. 문화 이벤트, 무대 연출, 박물관 전시 —문화 이벤트가 활성화되면서 무대연출가의 작업이 새롭게 정의되기 시작했

가 창시자이며 바르타바는 2003년 이후 베르사유에 설립된 기마 곡예 아카데미의 책임자를 맡고 있다.(옮긴이)

21 도쿄 궁이라는 뜻의 팔레 도쿄Palais de Tokyo는 1937년 만국박람회를 치르기 위해 지어진 건물로 박람회 이후 뤽상부르 궁(현재의 상원의사당)에 있던 현대미술관이 이곳으로 이전해 온다. 에펠탑 맞은편의 센 강변에 있다.(옮긴이)

다. 무대연출가는 예전에는 극작가와 배우들을 위해 일하는 사람 정도로만 인식되었지만 오늘날 연출가들은 작품을 해석해서 배우들의 연기에 반영하는 창작가로 인식되고 있다. 장 빌라르, 로제 플랑숑 등은 배우에서 연출가로 변신한 이들이다. 파트리스 셰로는 반대로 연출가였다가 배우가 된 경우다. 이런 상황은 연극 말고도 다른 분야에서도 볼 수 있다. 조형예술 분야를 보면 미술 커미셔너였던 이가 진시회 연출가가 되어 다른 화가들의 작품을 모아 전시회 컨셉에 맞춰 전시하기도 하며 어떤 때는 역사 기념물들을 전시하기도 하는데 역사 기념물들은 갈수록 예술 전시회에 자주 활용되곤 한다.

두 가지 유형의 연출이 공존한다고 볼 수 있다. 첫 번째 연출은 연극적 연출로서 연출의 항구적 장치들이나 혹은 특별한 표현에 작용된 장치들을 사용한다. 두 번째 연출은 박물관이나 전시회 연출로 장식, 시청각 도구들, 인터랙티브 장치, 인공물 등을 활용하는 것이다.

무대 연출 기법의 이런 발달은 대중들의 요구에 부응하기 위한 것으로 대중들은 이제 더 이상 정적이고 교육적이어서 거부감만 주는 무대를 원치 않는다.

대중들의 취향에 일어난 이런 변화의 배후에는 테크놀로지의 발달이 자리잡고 있다. 시청각 기기들, 멀티미디어 제품들, 인터랙티브 장치들, 인터넷 사이트……. 대중들은 이제 자신이 직접 조직자로서 전시회에 개입하려고 하는 것이다. 기상천외한 장비들 덕택에 라빌레트 과학산업단지가 발달할 수 있었다. 라빌레트는 이런 첨단 테크놀로지의 시험장이기도 했던 것이다.

3. 문화 이벤트의 유형들 —네 가지 유형의 문화 이벤트를 구별할 수 있다.

A) 공연　공연은 연극, 무용, 연주회, 오페라 등 전통적인 문화 활동들로 이루어진 문화 이벤트이다. 아비뇽 페스티벌 당시 교황궁의 앞마당에서 처음 시작된 야외 공간의 이용은 오늘날은 하계 페스티벌의 빼놓을 수 없는 일부가 되었다. 이후 광장 같은 공공 공간이 이벤트에 늘 등장하게 되었고 조각이나 기념물 같은 공공 예술을 부각시키는 역할을 했다. 다양한 미디어들에 의존함으로써 공연을 규모 있는 집단적인 이벤트로 만들어 낼 수 있다. 이렇게 해서 토탈 공연이 태어난 것인데, 가령 1989년 다카르 해

변에서 공연된 과델루프의 혁명가 투생 루베르튀르에게 헌정된 공연이 그 한 사례이다. 당시 2백 명의 배우들이 등장했고 다섯 대의 대형 스크린이 활용되어 영상과 필름들이 음악과 함께 상영되기도 했다. 또한 1989년 7월 14일, 프랑스 대혁명 2백 주년 행사에서 장-폴 구드가 샹젤리제 거리에서 선보인 이벤트도 기억할 만하다. 인터넷을 비롯한 각종 미디어들이 생활에서 큰 비중을 차지하면서 집에서도 얼마든지 공연을 즐기고 참여할 수 있게 되었으며 TV를 통한 재방송 역시 언제 어디서나 볼 수 있게 되었다. 오페라를 처음 TV로 중계방송하면서 미셸 기가 지적했듯이, "오페라가 창시된 이래 지금까지 오페라를 들었던 사람들보다 많은 이들이 하루 저녁에 TV 앞에 모여 오페라를 듣는 시대"가 된 것이다.

B) 전시회 전시회 역시 많은 발전을 보였다. 우선 전시 장소가 표준화되어서 바닥이 페인트칠을 한 곳이나 니스칠을 한 마루가 구비되어 있는 곳이 전시장으로 사용되어 갔다. 이런 곳들은 대개 벽과 천장은 흰색으로 칠이 되어 있곤 했다. 대개의 경우 눈부신 조명이 들어온 이런 공간

들은 뉴욕의 화랑들에서 유행하던 것이 수입된 것이었으며 순수한 백색이라는 뜻의 블랑 드 블랑Blanc de blanc으로 불렸다. 이렇게 전시 공간이 통일되어 가면서 동시에 전문적, 상업적이 되어 갔고 널리 활용되었다. 동시에 건물의 용도 전체를 변경해서 전문 전시장으로 사용하는 경우도 나타났다. 건축가 파트릭 부셍이 작업을 한 낭트의 “유일한 장소Lieu unique”와 루배의 “공공 조건Condition publique”으로 불리는 곳들이 전형적인 케이스들이다.[22]

그러나 전시회는 활용된 테크놀로지들로 인해 이동이 가능한 전혀 다른 상황을 맞게 된다. 장소를 이곳저곳으로 옮길 수 있는 이동성은 특히 라빌레트 과학산업단지에서 위력을 나타냈고 최근에는 민속 박물관인 케 브랑리에서도 활용되었다. 하지만 이동성을 확보하기 위해서는 이전 전시보다 많이 늘어난 비용을 부담해야만 했다. 전시회는 실내만이 아니라 외부에서도 열리기 시작했다. 1992년 파리 서쪽 신시가지인 라데팡스 지구에서 열린

22 공공 조건이라는 특이한 이름의 건물은 프랑스 북부, 벨기에 국경 지역인 루배Roubaix에 위치한 옛 직물 공장이었다. 1998년까지 창고로 쓰이다 같은 해 문화 유적으로 등록된다. 미술 전시회, 음악회 등 다양한 문화 예술 이벤트들이 열린다.(옮긴이)

콜더의 모빌 조각전이 대표적이다. 1988년 빈에서 열린 현대 예술가들의 깃발을 활용한 전시회도 사례로 들 수 있다. 전시회는 또한 전시 작품의 유형도 확대해 나갔다. 처음에는 문화 유산이나 역사 유물에 한정되어 있던 전시물들이 거의 모든 사회적, 문화적 활동으로 확대되어 갔다. 가장 앞서가는 현대 예술도 전시를 했으며 장인들의 수공예품도 전시되었다. 뿐만 아니라 그랑 팔레에서 열린 문자의 기원 같은 특수한 주제를 중심으로 한 진시도 열렸다. 나아가 1993년 역시 그랑 팔레에서 장 클레르와 피에르 샹죄의 주관 하에 열린 예술과 과학의 관계를 다루는 특이한 철학적 주제의 전시가 열리기도 했다. 이제 전시회 개념은 모든 장소, 모든 기술에 의지하여 모든 문화적 대상을 전시하는 개념으로 바뀌었다. 동시에 갈수록 작품의 크기도 대형화되어 갔는데 2011년 그랑 팔레에서 "모뉴멘타Monumenta"의 일환으로 열린 아니쉬 카푸어의 거대 조각전이 그 예이다 (27만 명이 입장했었다).[23]

---

23 그랑 팔레Grand-Palais는 파리 샹젤리제가 인근에 있는 전시관 겸 미술관이다. 아니쉬 카푸어Anish Kapoor(1954년생)는 인도 출신의 영국 조각가로 대형 설치 조각을 많이 한다. 그의 작품들은 뉴욕, 런던, 파리, 빌바오 구겐하임 등 세계적인 미술관에 많이 전시되어 있다. 모뉴멘타는 문화부가 주최하는 2007년부

C) 페스티벌 전시회를 통해 나타난 대중과 단체들의 표현 욕구는 페스티벌 분야에서도 비슷하게 나타났다. 급격하게 페스티벌들이 늘어나던 시기를 지나 이제는 페스티벌의 정체성, 재정, 인기도, 장소, 시의성, 지역 문화 환경과의 연계성 등을 두고 문제를 제기하며 성찰의 시간을 갖고 있다.

a) 정체성. 국회의원과 시의원 등은 페스티벌을 통해 지역의 인지도가 높아지기를 기대한다. 따라서 이들은 가능한 한 많은 페스티벌을 열려고 하는데 하지만 그럴수록 엇비슷한 페스티벌들이 중복해서 열릴 위험도 안고 있다. 이런 이유로 지자체들은 이제 독창성이 있는 페스티벌을 열려고 한다. 지역민들의 이해관계가 첨예한 경우에도 페스티벌의 정체성을 찾으려고 하는 것이다(그 결과 기계 음악, 레이스 장식, 요리, 농기구 페스티벌 등을 열기도 한다). 지자체들은 무대 예술과는 아무런 관련도 없는 이벤트들을 열면서도 페스티벌이라는 이름을 붙이곤 한다. 특별한 기준도 없이 페스티벌이라는 이름을 사용하는 것이다.

터 시작된 현대미술 전시회로 2015년부터는 짝수 해에 열리는 비엔날레로 바꿔어 열린다.(옮긴이)

b) 재정. 프랑스 남서부 지방인 프로방스-알프-코트다쥐르 지방은 프랑스에서 가장 페스티벌이 발달한 곳인데, 이 프로방스-알프-코트다쥐르를 모방해 페스티벌을 발전시킨 지방들은 대부분 기대했던 효과들이 불확실한 상황에서 재정 압박을 받고 있다. 이는 페스티벌들이 자체 수익 구조를 갖추고 있지 못하다는 반증이다. 페스티벌에는 스타들이 동원되는데 이는 당연히 비용문제를 야기한다. 하지만 그렇다고 입장료를 비롯한 요금들을 함부로 올릴 수도 없다.

c) 방문자. 가장 유명한 페스티벌인 아비뇽 페스티벌은 2010년 11만 6천명의 유료 입장객을 기록했다. 하지만 다른 페스티벌들은 천 명에서 2천 명 정도의 입장객을 모으는 정도에 머물렀고 심지어는 그 이하의 방문객을 기록한 곳도 있었다. 방문자가 적을수록 비용은 늘어나게 마련이다. 최소한도의 방문자도 입장하지 않는다면 페스티벌은 적자를 낳는 기계에 지나지 않는다.

d) 장소. 엑상프로방스의 페스티벌과 같은 일부 페스티벌들은 프로정신을 느낄 수 있는 적절한 방문자 수용 계획을 수립하고 페스티벌을 연다. 하지만 아직도 많은 페스

티벌들이 방문자 수용 계획 없이 아마추어에 가까운 의식을 보여주고 있다. 특히 기후 조건이 온화한 남쪽과는 확연히 다른 프랑스 북부 지방의 지자체들이 이런 인원 수용 계획에서 어려움을 겪고 있다. 어떤 경우든 방문자 수용 계획은 페스티벌의 필수 요건이다.

e) **시의성과 개최 계절.** 많은 페스티벌들이 대개 휴가철인 하절기에 열린다. 그렇지만 하절기가 아닌 다른 계절에도 페스티벌을 열 수 있고 연장하는 것도 가능한지 등에 대해 많은 지자체들이 연구했고 시도도 해보았다. 그 결과가 파리에서 가을에 열리는 페스티벌이다.

f) **페스티벌과 지역문화 환경의 관련성.** 페스티벌과 그 페스티벌을 여는 지역의 음악이나 연극 단체들 사이에는 종종 불협화음이 일어나곤 한다. "낙하산식" 프로그램들이 페스티벌을 채우는 데 불만이 증폭되곤 한다. 따라서 가능한 한 페스티벌을 지역 문화 속에 용해시킴으로써 지역 문화를 부각시키는 것이 바람직스럽다고 할 수 있다.

이를 위해 다음과 같은 몇 가지 방안을 고려해 볼 수 있을 것이다.

—정기적으로 페스티벌 프로그램들을 평가한다

—프로그램들을 도표화해서 열람 가능하도록 한다

—장기나 단기 프로그램 대신 중기 프로그램을 많이 선택한다

—방문자 접객 시설을 개선한다

현재는 예전보다 많이 좋아져서 상당히 합리적인 방향으로 나아가고 있다. 그 결과 많은 지자체들이 페스티벌을 자기 지역의 관광, 경제, 문화 정책들 속에 포함시켜 함께 고려하고 있으며 동시에 별로 관심을 보이지 않던 지역 주민들까지 포용하려는 자세를 보이고 있다.

D) 박람회와 견본시 2차 세계대전 이후 미술 전시회는 쇠퇴해 거의 사라져 버렸다. 전시회 대신 자리를 잡기 시작한 것이 시장, 즉 미술 견본시이다. 미술이 시장에서 살길을 찾은 것이다. 국제현대미술견본시Foire international d'art contemporain가 시작되자 바로 뒤이어 다른 분야에서도 시장들이 열렸다(도서 판매 전시회, 문화유산 전시회 등. 이들 전시회는 각종 판매와 저작권 계약이 이루어지는 상업적 전시

회들이다). 매년 1억 유로 이상의 총매출을 올리고 10만명 이상의 입장객을 기록하는 파리 FIAC(Foire international d'art contemporain)는 미술 시장과 직결된 전시회, 즉 미술견본시이다. FIAC의 핵심 파트너인 화랑들의 상업적 의지가 미술과 시장을 연결시키면서 새로운 영역을 만들어 낸 것이다. 파리 FIAC는 현재 전 세계에서 열리고 있는 백여 개의 현대미술 견본시들과 경쟁하고 있다. 가장 최근에 생겼으면서도 가장 강력한 힘을 발휘하는 미술시장이 다름 아닌 마이애미 미술시장이다.[24]

미술만이 아니라 앞서 말했듯이 음악, 도서, 건축, 만화 심지어 박물관과 미술관도 견본시 형식의 전시 시장을 도입했다. 살롱 뮤지코라Salon Musicora, 미술책 전문의 SAGA, Salon de l'architecfture, 앙굴렘 만화 살롱전, 국제 박물관 전시회 살롱(SIME) 등이 대표적인 예들이다. 전체적으로 보면 문화부 내의 각 부서별로 살롱전을 연다고 볼 수 있다. 예외가 있다면 연극이다. 연극에는 견본시가 없다. 그러나 연극은 견본시 대신 "아비뇽" 축제를 갖고 있

24 한국에서는 1995년 이후 매년 열리는 마니프(MANIF)가 대표적인 미술견본시장이다. 이후 화랑협회전 등이 생겼다.(옮긴이)

다. 오디오비주얼 분야에서도 여러 살롱전을 볼 수 있다. 가령 칸 영화제가 대표적인 예이며 음악의 경우 1967년 이후 같은 칸에서 열리는 MIDEM(Marché international du disque et de l'édition musicale)도 언급할 수 있다.

박람회 혹은 견본시의 발달은 문화계의 행동 주체들이 시장을 중요하게 고려하고 있음을 말해 주며 그에 못지 않게 상호 소통하려는 그들의 욕망도 암시해 준다. 그 결과 문화계의 행동 주체들만이 아니라 대중들도 문화에 더욱 관심을 갖게 되었다. 나아가 이런 견본시들은 공공 문화 시설과 일반 가정에서 향유하는 문화들 사이에 가교 역할도 하고 있다.[25]

4. 문화 홍보 —홍보 전략이 세워지지 않으면 모든 문화 프로젝트는 진척시킬 수 없다. 홍보 행위는 종합적 성격을 띤다. 왜 이런 전략이 필요한가? 누구를 위하여? 어떻게? 문화시설 책임자라면 혹은 문화 이벤트를 구상하고 있는

25 한국의 경우, 삼성전자에서 평판 디스플레이의 마케팅으로 진행하고 있는 더 프레임 같은 새로운 형식은 문화 공학 측면에서 보면 참신한 시도다. 미술관에서만 즐길 수 있던 원화 혹은 사진을 집에서 그대로 접근할 수 있기 때문이다.(옮긴이)

자라면, 시설이나 이벤트를 대중들에게 공개하기 전에 의당 이런 질문들을 가장 먼저 해야 한다.

A) 왜

a) 시설의 지명도를 높이기 위하여. 프로젝트 개념이 잡히고 건축이 시작되자마자 시설의 지명도를 높일 방도를 최우선적으로 찾아야 한다. 1980년대에 카레 다르Carré d'art 프로젝트를 시작했을 당시 님 시 시장인 장 부케가 한 것이 바로 이것, 카레 다르를 세상에 알리는 일이었다. 매년 아비뇽 페스티벌이 열릴 때마다 사전에 개최되는 기자회견 역시 이 축제를 알리는 홍보 전략의 일환이다. 건축가가 유명인이라면 그것만으로도 문화시설의 지명도는 쉽게 높아질 수 있다. 이 방면에서 가장 전형적인 건축가는 장 누벨일 것이다(최근에 장 누벨은 아부다비에 짓는 루브르 분관 건축을 맡았는데 루브르 못지않게 그의 세계적인 지명도가 루브르 아부다비를 세상에 널리 알렸다).

b) 프로젝트에 대한 대중들의 참여를 높이기 위하여. 홍보는 대중의 요구를 만들어 내야 한다. 프로젝트가 명료하고 강력한 이미지를 갖고 있다면 홍보 방법들은 쉽게 찾아질 것이다. 나아가 국가, 공공 기관들, 민간 박물관들과 같은 문

화 프로젝트의 파트너들은 여론의 지지를 받으면서 프로젝트 실행에 기여한다는 느낌을 갖게 되면 더욱 적극적으로 참여하고 지원을 아끼지 않는다.

c) 제안된 예술 창작의 질을 유지하고 상승시키기 위하여. 프로젝트 수행 계획을 잘 수립하는 것만으로는 문화 프로젝트를 성공시키기에 충분치 않다. 미디어들의 협조 역시 필요한 것이다. 그러데 갈수록 경쟁이 심해지고 있다. 따라서 단순한 홍보가 아니라 전략을 짜서 홍보를 해야 하는 것이다.

d) 문화 프로젝트가 지역 발전으로 연결되도록 하기 위하여. 문화 프로젝트는 한 도시, 지방의 이미지와 직결된다. 나아가 도시나 지방의 인구 유입과 일자리 창출에도 영향을 미친다.

위에서 언급한 모든 이유들은 왜 홍보가 중요하고 진정한 전략이 필요한지를 잘 말해준다. 전략을 짠다고 해서 프로젝트의 창조성을 포기하는 것은 아니다. 대중을 교육시키고 정복하기 위하여 전략이 필요한 것이다. 왜 홍보 전략이 필요한지에 이어 누구를 위해 홍보를 하는지를 알아보자.

B) 누구를 위하여 막연한 개념인 대중 대신에 목표라고 칭하면서 홍보 전략을 구체적으로 생각해 보자.

—제1목표. 결정권자들이 홍보의 제1목표다. 문화시설을 운영하는 책임자들은 결정권자들, 특히 지자체의 선출직 의원들과 공무원들을 정확하게 파악하고 있어야 한다. 이 결정권자들은 정치적 상황과 기회들을 통해 문화 프로젝트의 대변인 역할을 해주는 사람들이다.

—제2목표. 중개자들이 두 번째 목표다. 비평가들은 재능을 알아보는 사람들이기 때문에 예술적 선택이 필요한 부분들과 연관시키는 것이 바람직하다. 많은 지방지들의 기자들이 문화 정보에 인색하게 행동한다면 문화 책임자들이 그들에게 기사를 쓸 수 있는 정보를 제공해 주어야 한다. 많은 경우 그때 기자들은 태도를 바꾼다.

—제3목표. 파트너들이 세 번째 목표다. 지자체, 공공기관들 그리고 그런 곳에서 일하는 사람들과 나아가 민간 기업 모두가 문화 프로젝트의 파트너가 될 수

있다. 이들은 결정권자들과 다르며 비평가나 기자들로 구성된 중개자들도 아니다. 또 후원자도 아니다.

—제4목표. 일반 대중들이 네 번째 목표다. 일반 대중들 중에서 특수한 대중을 늘려 나가야 한다. 특수 대중이란 단골을 말하는데 이런 단골들에게는 정기적으로 정보를 제공해 준다. 가능하다면 정기권 구입을 권할 수도 있다. 물론 할인 정책이 필요하다. 단골이나 그와 유사한 충성 고객들은 시설 책임자가 만들어 운영하는 정보망에 의존하게 된다. 반면 잠재 고객이나 어쩌다 들르는 고객이라면 미디어에 의존해서 정보를 얻게 된다. 따라서 이런 사람들을 위해서는 더욱 광범위한 미디어 광고나 홍보를 해야 한다.

—제5목표. 다섯 번째 목표는 여론이다. 인간을 상대로 하는 홍보가 아니기 때문에 가장 어려운 목표다. 하지만 위에서 언급한 네 가지 목표가 달성되는 정도에 따라 여론이 좌우된다. 여론은 좋은 이미지를 퍼뜨리면서 프로젝트의 지명도를 널리 알리는 데 기여한다.

이제 홍보를 어떻게 해야 할 것인가라는 질문에 답을 해보자. 전략적 개념을 잡고 이 전략을 실행할 방법들을 찾는 것이다.

C) 어떻게 세 가지 상호 보완적인 전략을 생각해 볼 수 있다. 영향력 제고, 이벤트 전략, 충성도 제고 등이 그것이다.

a) 영향력을 높이기 위한 전략. 영향력을 기준으로 삼는 전략에서는 대중의 범위를 정하는 것이 우선이다. 즉 목표 대중을 지역 단위에 국한할 것인지, 아니면 그보다 넓은 지역이나 국가 전체를 목표로 할 것인지 결정해야 한다. 따라서 이는 프로젝트의 개념과 정의에 따라 달라진다. 도서관 같은 경우는 지역 중심으로 영향력을 행사하겠다는 홍보가 필요할 것이고 반면 국립 극장의 경우에는 전국을 무대로 대중에게 홍보를 해야 할 것이다. 하지만 홍보 전략에 따라 영향력이라는 기준은 바뀔 수 있어 유연성을 가져야 한다. 한 문화시설이 지역 문화시설로 지어진 것이라 해도 홍보에서는 지역을 벗어나 더 넓은 지역을 상대로 홍보를 해야 할 때도 있으며, 반대로 국가 단위의 문화

시설이지만 시행하는 프로젝트에 따라 좁은 지역에 한정된 홍보를 해야 할 때도 있다. 예를 들면, 그르노블의 흔히 "가게"le Magasin로 불리는 현대예술 센터는 현대예술계에서는 유명한 명소로 그르노블 시보다는 오히려 외국에 더 많이 알려진 곳이다.[26]

지역에 끼치는 영향력에 초점을 맞춘 홍보 전략은 지역 주민들을 배려하기 위한 것이다. 대부분의 도서관, 많은 박물관과 극장들이 이 전략을 쓴다. 다시 말해 널리 이미지를 알리는 것보다 지역에 자리를 잡고 지역 문화에 합류하는 쪽에 무게를 둔 결과다.

b) 이벤트 전략. 이벤트 전략은 상설 프로그램과 기획 프로그램 사이의 조화를 이루어 나가는 전략이다. 이벤트를 일정 기간을 두고 정기적으로 기획하는 것이 핵심이다. 명성이 있는 박물관들은 전시보다는 오히려 상설 전

---

26 "가게"le Magasin 로 불리는 그르노블Grenoble 현대예술 센터는 에펠탑을 세운 에펠사가 1900년 만국박람회 당시 세운 전시장 건물을 철거, 그르노블로 이전하여 세운 주물 공장이었다. 이 철골 구조 건물을 1980년대 중반인 1986년 리모델링하여 현대예술 작품을 전시하는 곳으로 바꾸었다. 소장품은 없으며 매 분기별로 예술가들이 자신들의 작품을 전시하도록 한다. 전체 면적은 약 3천 평방미터 정도이며 2006년에 전면적으로 보수를 했다. 가게라는 이름은 원래 있던 건물에 붙어 있던 간판에서 유래했다.(옮긴이)

시되는 걸작 소장품들에 우선권을 두곤 한다. 이런 곳들은 전시에 대해서는 거의 말을 하지 않는다.[27] 이벤트 전략은 문화 보급 시설에서 자주 의존하는 전략이다. 극장, 음악 홀, 미술 센터 등이 그런 곳들이다. 이런 곳들은 도서관이나 음악학교인 콩세르바투아르, 미술 학교들보다 기획 전시나 이벤트를 알리기 위해 자기 소개를 더 열심히 해야 한다.

c) **관객들의 충성도 제고 전략.** 이 전략은 마케팅과 직결된 가장 오래된 홍보 전략이다. 정기적인 서비스를 제공하고 기획 전시 같은 것을 자주 열면서 문화 정책 전반에 대한 호의적 반응과 애정을 불러일으키는 것이 목적이다. 극장들이 이 전략을 십분 활용하는데 TNP, 즉 파리 국립 극장이 이 전략을 적극 사용한다. 특별 대우를 받는 정기권 구입자와 온라인을 통한 동호회 네트워크 등이 마련되어 있는 퐁피두센터 역시 이 홍보 전략을 쓴다. 그 외에도 여러 문화 예술 기관들이 이 전략에 의존하고 있다. 이런 전략

27 예를 들면, 루브르 박물관은 "모나 리자"로 알려진 〈라 조콘드〉 작품 자체를 홍보 수단으로 활용하지만 작품이 전시되어 있는 전시실이 시원하다, 넓다 등 전시와 관련해서는 아무 말도 하지 않는다.(옮긴이)

은 각 기관이 발행해서 송부해 주는 각종 프로그램 소개서, 정보 제공 간행물 등을 보면 쉽게 파악할 수 있다. 후원회나 동호회에 의존하기도 하는 이 전략은 또한 각급 교육기관들과도 연계해서 전략을 집행하기도 한다. 어쨌든 이 전략은 시설을 찾는 고객들인 대중들의 성향과 욕구 등에 대해 잘 파악을 하고 있어야만 한다.

D) 홍보 계획 철저하게 홍보 계획을 짜야만 하며 이를 실현한 방법들을 찾고 작업에 임해야 한다.

홍보 계획은 상시적인 프로그램에 관계된 것인지 아니면 이벤트 같은 일시적인 기획 프로그램을 위한 것인지에 따라 개념부터 달라진다.

상시적인 프로그램에 관계된 홍보라면 홍보 계획은 문화시설 자체를 위한 것이 될 것이다. 건물을 소개하면서 부각시킬 수도 있고 대중들을 맞이하는 접객 서비스를 강조할 수도 있으며 전체 서비스의 질과 공간 이용 안내 등도 홍보의 대상이 될 수 있다.

일시적인 기획 활동을 홍보하기 위해서는 좀 더 다양한 계획이 수립되어야 한다. 전시회를 비롯한 일시적인 기획 활동은 대부분 무엇인가를 표현하는 무대를 상징하기 때문이다. 따라서 홍보 책임자는 그가 문화 기업의 직원이든 아니면 외부 홍보 대행사이든 전시나 이벤트의 기획단계에서부터 참여해 함께 일을 해야만 한다.

홍보 계획에서 설정된 목표들에 도달하기 위한 방법들은 전적으로 인력과 예산의 영향을 받을 수밖에 없다. 문화시설의 장은 홍보 담당자를 이해하는 사람이어야 하고 이 이해를 바탕으로 홍보 활동이 활성화되도록 다양한 자극도 줄 수 있어야 한다. 때에 따라서는 각급 학교에서 문화시설을 찾아오는 경우를 대비해 이런 방문객들을 위한 접대 인원과 교육적 설명이 가능한 인력도 미리 구상해 두어야 한다. 거의 모든 문화 기업의 책임자들은 동일한 언어를 사용하며 동일한 장치를 통해 동일한 메시지를 전달하고 있는 상황에서 변화를 모색할 필요가 있다.

홍보 예산은 대부분의 경우 미리 배당되는 경우가 거의 없다. 많은 이들이 이 사실을 잊고 있거나 혹은 과소평가하고 있다. 그래서 홍보 책임자들은 재정을 해결하기 위하여 특히 메세나에 의존하려고 한다. 후원 금액은 천차만별인데, 중급 이벤트의 경우 전체 프로그램 진행비의

20–30% 정도 후원을 받는다. 이벤트가 대형일 경우 후원 비율은 떨어진다. 기업들이 메세나를 통해 기업을 홍보하려는 경우는 후원 금액이 커진다. 하지만 어떤 경우든 메세나 비율은 늘 목표에 도달하지 못한다.

결론

문화의 양대 축, 지구(地區) 문화 개발과 문화 예술 교육

문화의 민주화를 이루겠다는 강력한 의지를 갖고 문화부가 탄생한 지 50년이 지난 현재, 그간의 성과를 결산해 보면 열정적이었지만 동시에 모호하기도 했다는 평가를 내릴 수 있다. 프랑스가 갖추고 있는 문화 예술 시설과 제도는 전 세계에서 가장 촘촘한 망을 구성하고 있다고 평가된다. 하지만 많은 사회학자들이 지적하듯이, 프랑스는 이 촘촘한 시설과 제도들에도 불구하고 대다수 프랑스인들이 겪고 있는 문화적 불평등을 근본적으로 해소하지 못하고 있다. 그래서 어떤 이들은 이 사실을 들어 문화부 폐지를 주장하기도 한다. 하지만 이 엉뚱한 주장보다는 문화적 불평등을 줄여 나가는 일을 새로운 도전으로 받아들이면서 유치원에서 대학까지 문화 예술 교육이 원활하게 이루어지도록 문화 분야와 교육 분야가 각각 소유하고 있는 시설과 제도들을 밀접하게 연결시킬 수 있는 방법을 찾는 것이 현명한 일일 것이다. 문화의 민주화는 문화와 교육이 가까워질수록 성공할 것이다. 지역 발전에 문화를 적절하게 활용하는 것이며 예술가를 교육 현장에 투입하고 학생들을 박물관으로 데리고 가서 수업을 하는 것이다.

Ⅰ. 지구(地區) 문화 개발과 문화 확산

문화 공학은 전국에 걸쳐 건립된 문화시설들을 통해 결과를 드러낸다. 마치 물을 공급하는 관개시설처럼 각 지역 주민들에게 문화를 공급할 수 있어야 하는 것이다. 1990년에 필자는 다타르DATAR에서 지구 문화 개발 개념을 제안한 바 있다. 이 제안은 당시까지 시와 도 단위에서 갖고 있던 전통적인 개발과는 대립하는 것이었다. 당시까지 시와 도들은 지역 출신의 엘리트 몇 사람들에 의해 파리를 모방하는 것이 유행이었다. 예를 들어, 파리 조르주 퐁피두 센터는 님과 리옹에서 모방했으며 메스도 그 뒤를 따랐다. 같은 방식으로 파리를 중심으로 한 수도권이 아닌 지방의 문화 개발 프로젝트들은 문화부가 내린 개발 지침들을 그대로 따르고 있었다.[1]

지구 문화 개발이라는 아이디어 혹은 개념은 비교적 정확하게 경계가 정해진 지구를 대상으로 문화 개발 프로젝트를 시행하면 그만큼 문화 장벽들을 더 잘 제거할 수 있다는 생각에 기초해 있다. 실제로 각 지방에 세워진 문화의 집들이 거둔 큰 성공들이 이런 생각이 옳았음을 잘 말해 준다.[2] 문화의 집들은 그르노블의 예에서 보듯이, 해당 지역에 다른 문화 기관들을 낳는 모태 역할을 했다. 오늘날 우리는 지방의 대도시들에 가면 다양한 문화시설들이 자율적으로 운영되고 있는 것을 자주 볼 수 있는데 이 출

---

1 다타르(DATAR, Délégation interministérielle à l'aménagement du territoire et à l'attractivité régionale. 국토개발지역특성화청)은 1963년 창설된 총리실 산하 부처간협의체로서 2014년까지 국토개발을 심의하고 시행하는 기관이다. 2014년 이후 새로 출범한 지역균형발전위원회(Commissariat général à l'égalité des territoires, CGET)로 업무가 이관되었다.(옮긴이)

2 문화의 집Maison de la culture은 1961년 문화부 장관 자리에 오른 앙드레 말로가 시행한 문화 프로젝트로 파리가 아니라 전국의 지방에 고급문화를 보급, 확산하기 위해 건립한 지역 문화센터다. 초기에 시행착오를 겪으며 비판을 받았으나 크게 성공한 프로젝트로 받아들여진다.(옮긴이)

발점이 문화의 집인 것이다. 이젠 웬만한 도시에 가면 박물관은 박물관으로, 도서관은 도서관으로 당당하게 문화 시설로 운영되고 있다. 하지만 중소 규모의 도시에서는 아직도 재정적 문제와 함께 좀 더 근본적인 다른 문제로 인해 문화 통합이 과제로 남아 있다. 문화와 지역주민 사이의 밀접한 관계는 인간 전체를 바라보는 인문학적 관점에서 접근해야 할 것이다.

동시에 지구별 문화 개발 계획은 지역 주민에게 친숙한 내용과 수준을 유지하려고 노력해야만 한다. 이런 노력을 통해 문화 개발 계획이 경제적 합리성을 확보해야 하며 다른 시설들과의 상호보완성도 도출해 낼 수 있다. 뿐만 아니라 투자를 잘 활용하고 규모를 정할 수 있으며 시민들에게 요구하는 희생과 노력도 정당하게 배분할 수 있다. 지구 문화 개발 계획은 이렇게 언제든지 상호 충돌하고 모순되는 요구들을 수용하고 해결하려는 노력 속에서 가능하다.

따라서 오늘날 지구(地區) 문화 개발 계획을 수립하자면 다양한 문화시설들 전체를 조망하는 작업이 선행되어야 하며 그 다음으로는 문화적 불평등과 문화의 경제적 효과들을 평가해야 한다. 이는 지구 문화 개발 계획안들을 제안하기 위해 거쳐야 하는 과정이다.

1. 문화시설 지도 —아직 문화시설지도는 부분적으로만 작성되어 있을 뿐 전체 지도는 없다. 그러나 전체 지도는 대단히 복잡한 지도가 될 것이며 완성하기까지 적지 않은 시간이 필요할 것이다. 문화부의 각 부서에서 작성한 문화시설 지도는 흔히는 다른 부서에서 작성한 지도를 참고하지 않는 경우가 많다. 지구 문화 개발 계획은 이렇게 아직도 문화부 내의 핵심 10개 부서들이 기획한 정책들이 상호 관련성에 대한 숙고 없이 병치되어 있는 상황에 머물러 있다. 국가 단위에서 보면, 문화부 내의 각 부서는 해당 분야의 정책을 시행한다. 그러나 지방 단위에서 보면 문화를 이렇게 분야별로 나누어 정책을 시행하는 행정은 분야별로 시설들이 부족하거나 넘쳐나는 문제가 발생할 수도 있고 또 상호 협력과 함께 경쟁 관계도 형성되기 때문에 그만큼 제대로 시행되는 데 많은 위험이 따르게 마련이다. 문화부의 부서들은 지방자치단체들의 요구에 응해야만 한다. 따라서 문화시설 지도는 시와 도 등에서 올라

오는 요구를 종합해서 보여주는 지도가 되어야 한다. 문화부가 이런 노력을 기울이는 경우 지자체들을 설득해서 해당 투자를 하게 할 수도 있다. 국가는 사실 지자체들을 설득시킬 수 있는 여러 방법들을 갖고 있기도 하다. 하지만 안타깝게도 중앙정부는 대부분의 경우, 몇 푼 되지 않는 지원금을 거의 모든 지자체들에게 나누어주는 것으로 만족하곤 한다. 이 경우 이 돈으로는 아무 것도 할 수가 없다. 1981년, 국가는 대통령의 대개발 계획을 시작했다. 각 프로젝트는 최소 수십억 프랑의 예산이 투입되는 계획이었다. 하지만 이 대개발 계획에 포함된 지방 문화시설 건설에는 수천만 프랑 정도만 할애되었을 뿐이다![3]

---

3 흔히 프랑수아 미테랑 대공사Grands travaux de François Mitterrand로 불리는 대건축도시개발계획Grandes opérations d'architecture et d'urbanisme은 1981년 사회당 당수인 미테랑이 대통령에 당선된 후 바로 시행한 파리와 지방의 문화시설 건립을 중심으로 계획된 문화 프로젝트를 말한다. 전체 추정 예산은 계획 발표 당시 157억 프랑이었다. 이 프로젝트에는 대 루브르(유리 피라미드를 비롯한 리모델링 공사), 오르세 박물관(지스카르 데스탱 대통령 당시 작업을 계승), 프랑스 경제재정부 건물 신축(유럽에서 가장 큰 정부 부처 건물로 루브르 박물관 일부를 사용하다가 이전함. 미테랑의 프로젝트에 포함된 세부 계획들이 서로 연결되어 있다는 것을 알 수 있다), 바스티유 오페라, 팔레 루아얄의 현대 조각 두 개의 고원(Deux plateaux de Daniel Buren), 프랑스 국립 도서관 신축, 아랍 세계 연구소, 라빌레트 과학산업단지, 라데팡스 그랑타르슈Grand Arche 등이 파리에 들어섰고 지방에도 대규모 문화시설들이 들어섰다. 14년을 통치한 미테랑 정

문화 투자는 파리와 수도권 지역인 일드 프랑스Ile-de-France에 집중되어서 대략 전체 투자의 50%가 몰리곤 한다. 파리에서 멀리 떨어져있는 국경 지방들의 경우는 오히려 타지방들보다 역동적인 문화적 움직임들을 보여준다. 국경 인근도 아니고 수도권도 아닌 중간 지대에 자리잡고 있는 지방들은 상대적으로 문화시설들을 많이 갖추고 있지 못하다. 마치 조금만 가면 파리인데 왜 이런 곳에 투자를 해야 하느냐는 식이다. 야심 찬 투자를 하기에는 파리와의 거리가 애매하다는 것이다. 이런 이유로 수도권 바로 북쪽에 있는 피카르디 지방은 독일, 스위스 등과 국경을 이루고 있는 알자스 지방보다 정체성이 부각되지 못하고 있다.[4]

문화시설 지도를 보면 이 시설 분포가 오래된 프랑스의 중앙집권 체제에 종속되어 있다는 것을 알 수 있다. 파리가 사례를 보이면 지방들이 이를 따라가는 식인데, 그 방

부의 위대한 업적으로 평가받고 있다.(옮긴이)

4 피카르디, 알자스 등의 지명들은 현재는 정식 행정구역 명칭이 아니다. 관습상 계속 사용되지만 현재는 다른 지역들과 통합되어 새로운 지방 명칭으로 불린다. 피카르디는 오 드 프랑스Hauts-de-France 지방의 일부이며 알자스는 그랑데스트Grand Est의 일부가 되었다.(옮긴이)

법까지 그대로 답습하곤 한다. 따라서 전체적으로 프랑스의 문화시설 지도는 불평등 지도다.

2. 문화 불평등 — 이 불평등을 유심히 살펴봐야만 지구 문화 개발 계획을 수립할 수 있다.

A) 분야별 불평등 우선 불평등은 직업적인 문화 전문가들에게서 많이 볼 수 있다. 악트 쉬드Actes Sud와 아를 소재 아르모니아 문디Harmonia Mundi 같은 예외적으로 성공을 거둔 기업체를 빼면 문화를 직업으로 하는 전문인들은 파리에서 일하기를 원한다.[5] 문화 산업계의 전문 직장인 47%가 파리를 중심으로 한 수도권에서 일하고 있다. 이 비율은 다른 직종의 평균 수도권 인력에 비해 두 배 정도 높다. 문화 분야별로 나누어서 살펴볼 필요가 있을 것이다. 문화유산과 역사 기념물 분야에서는 탈중앙화가 상

---

5 악트 쉬드Actes Sud는 1978년 프랑스 남부 아를에서 문을 연 프랑스 출판사이다. 파리에 지사를 두고 있지만 본사는 아를에 있다. 많은 베스트셀러를 냈고 창업자의 부인이 마크롱 정부에서 문화부 장관이 되기도 해서 유명해진 출판사이기도 하다. 소설만이 아니라 만화도 출간한다. 아르모니아 문디Harmonia Mundi는 1958년 아를에서 음반 출판사로 출발해 오늘날은 서적도 취급하는 출판사가 되어 있다. 프랑스에서 가장 오래된 독립 음반 출판사이다.(옮긴이)

당히 많이 이루어져 있다. 이는 프랑스 문화유산들이 각 지방에 흩어져 있으므로 당연한 결과이다. 역사적으로 봐도 프랑스는 12세기에서 18세기까지는 지금의 프랑스보다 훨씬 탈중앙화되어 있었다. 연극과 음악 분야를 보면 파리를 벗어난 것은 최근의 일이다. 1936년에서 1940년 사이에 탈중앙화가 시작되었다. 비교적 다른 분야보다 일찍 시작된 셈이다. 박물관의 경우, 최초의 박물관들이 들어서기 시작한 것은 19세기까지 거슬러 올라가지만 최근 10여 년 전부터 놀랄 정도로 많은 박물관들이 문을 열었다. 조형예술 분야에 있어서는 탈중앙화가 대략 15년 전부터 많이 일어났다. FRAC와 각 지방에 세워진 예술 센터들이 큰 영향을 미쳤다. 하지만 예술 시장만은 여전히 파리를 중심으로 형성되어 있다. 페스티벌들도, 여름에는 프랑스 남부에서 열리기도 하지만, 참가자 대부분이 파리에 거주하는 사람들이다.

B) 지리적 불평등 문화적 불평등은 경제적 불평등을 확대시킨다. 부유한 지역과 가난한 지역 사이의 격차는 문화 예산의 규모에도 영향을 끼쳐서 심한 경우 1대 8 정도

까지 벌어진다. 인구 한 명당 투입되는 비용을 계산하면 이 수치는 줄어든다. 가령 코르스는 일인 당 가장 많은 문화 예산이 집행되는 곳이 되며, 리무쟁 지방도 썩 좋은 랭킹을 차지한다. 그러나 문화적으로 풍요로운 지방들이 경제적으로도 발달한 곳이라는 것은 부인할 수 없는 사실이다. 수도권인 일드프랑스 다음으로 문화 예산이 많은 지방은 론알프 지방이다. 그 다음에는 프로방스 알프 코트 나쉬르, 노르파드칼레, 랑그도크루시용, 알자스 순으로 문화 예산이 많다. 이 순위는 그대로 경제력 순위이기도 하다.

C) 중심 도시와 신도시 간의 불평등 중심 도시는 오랜 세월 동안 다양한 문화유산들을 축적할 수 있었다. 반면 새로 조성된 신도시들은 그런 문화유산을 갖고 있지 못하다. 이런 차이는 구도시에서도 시 중심부와 시 외곽의 차이를 통해 반복되기도 한다. 많은 이들은 구도시와 신도시의 격차나 도심과 시 외곽 사이의 차이를 사회적 경제적 차이로만 보려고 하지 문화적 차이로 보지는 않는다. 하지만 무엇보다 문화적 차이로 봐야만 한다.

D) 도시 지역과 시골 지역 간의 불평등 도시 지역은 문화 예산을 집중적으로 지원받지만 시골 지역은 거의 아무런 혜택을 받지 못한다. 그렇지 않아도 경제적으로 혜택을 받지 못하고 있는 시골은 문화적으로도 소외되고 있는 것이다.

E) 지구 문화 개발 계획의 목표는 사회적 이상 실현 사회적 불평등은 고전 문화와 소수 문화 사이의 격차에서 발생한다. 고전 문화는 패권주의적이며 번듯한 문화시설들을 통해 표현되고 보존, 전시된다. 반대로 소수 문화는 인종적인 이유나 지리적 이유 혹은 세대 차이로 인한 것일 수도 있는데 문화부 장관이었던 자크 랑의 많은 노력에도 불구하고 제대로 인정조차 받지 못하고 있다.

이런 사회적 불평등들은 문화 교육에서도 반복되어 서로 다른 두 가지 문화적 접근을 가져온다. 한 쪽에는 폐쇄적인 문화시설들이 있는데 의무적으로 가야 하는 곳으로 인정을 받지만 열외를 당한 사람들에게는 겁을 주는 곳들이기도 하다. 다른 한 쪽에는 대중을 향해 다가가는 문화적 활동이 자리잡고 있다. 대중을 유혹하고 쓸어모으기 위해 다양한 문화적 이벤트들이 열리기도 한다. 가령, 공공 예술을 들 수 있는데, 박물관을 빠져 나와 길거리에 설치된 작품을 말한다. 만화와 멀티미디어 제품들도 이런 예에 속한다. 사회적 불평등은 학교에서부터 존재한다. 학교는 불평등을 해소하기에 가장 적절한 공간이다. 특히 문화적 불평등을 해소하는 더 없이 좋은 곳이 학교다. 학교는 모든 계층의 사람들에게 공개된 곳이기 때문이다. 하지만 예술 교육을 구색 갖추기 식으로 조금만 하면서, 국가가 주관하는 프랑스 교육은 교육과 문화를 분리한 앙드레 말로의 정책에 대해 원한을 푸는 것만 같은 인상을 주고 있다. 교육부와 문화부의 이 오랜 싸움은 이젠 끝내야 한다.

3. 문화 개발 계획의 경제적 낙수 효과 —관광 증진을 포함해 문화 개발이 가져오는 경제적 낙수 효과들은 아직도 잘 알려지지 않고 있다. 문화 개발의 결정권을 쥔 사람들이 경제 효과를 높게 평가하기 때문에 경제적 효과들이 있다는 사실은 모두들 인정을 한다. 1991년에 실시했고 아직도 믿

을 만한 것으로 인정되고 있는, 지구 문화 개발 계획에 대한 앙케트 조사에 의하면 문화와 연관된 지역 책임자들이 우선시하는 목표들이 어떤 것인지를 잘 보여준다. 가장 중요하게 생각하는 효과부터 나열해 보자.

1. 지식 구심점 창조
2. 삶의 질 향상
3. 문화 자본 축적
4. 이미지 제고
5. 일자리 창출
6. 문화 관광 개발

우선시 되는 문화 개발의 목표들을 살펴보면, 지역 책임자들이 문화를 문화 고유의 자리에 남겨두려고 한다는 것을 알 수 있다. 문화 개발을 중요한 경제 개발의 계기로 보는 대신 비물질적 투자로 보는 관점이 우세한 것이다(지식 구심점 창조, 삶의 질 향상 등이 1, 2위 효과에 올라있다). 또 이미지 제고와 가치 창출에도 기여한다고 봤다. 일자리 창출이나 관광 발전 같은 항목의 중요성을 간과할 수는 없지만 문화 개발 책임자들은 문화가 가져다 줄 수 있는 경제적 효과를 우선 순위에서 뒤로 밀어놓았다. 일자리 창출이나 관광 발전이 문화 투자의 주요 목표는 아니라고 보는 것이다. 지역의 문화 개발 책임자들은 위에서 언급한 여섯 가지 효과들 이외에 문화 개발이 지역간 불평등을 해소시킬 수 있다고 답을 하면서 이 효과를 가장 마지막 순위에 올려 놓았다. 다시 말해 그들은 문화 투자가 지역 고유의 정체성늘을 확인하고 나아가 다른 지역과의 차이를 강조하고 심지어 경쟁에서 이기기 위한 투자라고 보는 것이다. 이런 관점은 지역간 불평등을 조장하자는 것이 아니라 지나친 불평등은 문화가 아닌 다른 방법으로 치유할 수 있다는 생각을 담고 있다.

어쨌든 모든 이들이 문화 개발을 지역 경제를 활성화할 수 있는 원천으로 보고 있다는 점은 부인할 수 없다. 문화 개발이 갈수록 첨단 테크놀로지에 의지하게 되면 경제와 더 밀접해질 것이다. 뿐만 아니라 갈수록 문화 개발에 인간적 측면이 강조될 것이다. 다시 말해 문화를 아는 교양 인간은 기술과 경제가 인간을 해치는 위험이 될 때마다 이에 맞서는 혁신적 인간으로 다시 태어날 수 있는 것이다.

문화 투자는 일자리 창출이라는 측면에서 보면 꼭 필요한 투자다. 문화 활동 그 자체로도 직접 일자리를 창출하지만(물론 이렇게 창출되는 일자리는 상대적으로 적다), 연관 기업들의 입주 등으로 인해 간접 일자리도 만들어진다.

문화가 가능하게 하는 경제 효과들에 대한 연구는 아직도 미진한 상태로 남아 있고 따라서 문화 공학의 관점에서 본격적으로 다룰 분야이다.

4. 미래를 위한 제안들 —이런 상황에서 올바른 답을 찾자면 위에서 제시한 방법들 전체를 함께 고려해 보아야 한다.

A) 우선, 문화부 내 각 부서들의 업무를 조정할 필요가 있다. 하향식 체제에서 지나치게 중앙집권화된 문화부의 업무 집행을 조정하기 위하여 현재로서는 2008–2009년에 도입된 총사무국 형태의 조직만이 효율적인 조정자로 인정을 받고 있다. 그러나 동시에 문화부 내의 부서들은 상호 협조하여 업무를 함께 진행해야 한다는 의무조항들을 따라야만 할 것이다. 2008년에 LOLF의 거대 프로그램들에 상응하는 세 축을 중심으로 실행된 구조조정이 이 문제를

해결한 상시 도구의 역할을 하고 있다.[6] 하지만 이 구조조정만으로는 아직도 멀다. 왜냐하면 개혁이 있었지만 실제로는 공무원 수를 감축하는 것을 목표로 삼았고 부차적인 등급을 만들어 예술가들을 문화 행정으로부터 떼어놓았다. 자연히 업무는 관료적이 될 수밖에 없었다. 문화부의 중앙 행정이 약화되자, 감사원이 대형 국립박물관들을 예로 들어 비판했듯이, 대형 공공 문화시설들은 거대한 요새로 변하고 말았다.

B) 진정한 통계 작성 기구를 신설해야 한다. 전국의 문화시설들을 비롯한 유형무형의 문화 인프라들을 정리한 전체적인 문화 지도가 없는 상황에서는 문화 투자의 직간접적 효과를 가늠할 수가 없다. 이런 상황에서는 지구 문화 개발 계획을 운위하는 것 자체가 넌센스이다. 프랑스에서 문화 산업에 종사하는 인력에 관한 통계가 없다. 이 어처구니없는 상황은 왜 발생했을까? 어떤 때는 30만 명이라

---

6 LOLF는 "loi organique relative aux lois de finances"의 약자로 국가 재정법과 관련된 상위 법인기본법으로 흔히 〈재정헌법〉으로 불린다. 2006년부터 모든 행정기관에 작용되기 시작했다.(옮긴이)

고 했다가 또 어떤 때는 80만 명이라고 한다. 국회나 지방 의회에서 문화 예산에 호의적인 의원들이 한 푼이라도 더 문화 예산을 책정하기 위해서는 그 근거로 문화 투자가 가져올 일자리와 관련된 통계를 제시해야만 한다. 그렇지 않으면 문화 예산은 일순위로 삭감되기 일쑤이다.

C) 국가는 문화 관련 결정을 내릴 때 지방분권화 추세를 따라야 한다. 문화 사업 집행권을 지방 기관으로 대거 이양하는 작업이 여러 해 전부터 시작되었다. 1991년 29%에 머물던 이양률은 1997년 51%를 넘기더니 현재는 90%에 도달했다. 드라크DRAC의 교부금은 2000-2005년 사이에 2억 4천만 유로에서 2억 4,700만 유로로 늘었고 2006년에는 1억 9,500만 유로로 줄었다.[7] 이런 탈집중화는 탈중앙집권화와 함께 더욱 철저하게 진행되어야 할 것이다. 다시 말해 권력과 함께 토지를 비롯한 재산권도 지방 정부로 이양되어야 한다. 특히 역사 기념물 분야에서 더 많은 이양

7 드라크DRAC(direction régionale des Affaires culturelles, 문화 사업지방청)는 프랑스 중앙정부의 문화부가 지방 정부에 내려가 탈중앙행정을 하는 기구를 지칭한다. 프랑스의 해외 영토인 DOM-TOM에도 유사 기구가 설치되어 있다.(옮긴이)

이 이루어져야 한다. 이미 그런 기미들이 여기 저기서 눈에 띄고 있어 고무적이다. 그러나 아직 활발하게 진행되고 있지는 않다. 그런데 드라크DRAC는 지방 정부에 내려가서도 중앙정부의 문화부가 하던 행태를 그대로 반복하고 있다. 따라서 국가와 지자체들 사이에서 상호 대화를 보장하는 수평적 구조들을 만들어 내야 할 것이다. 나아가 국가와 지자체들 사이만이 아니라 문화부의 수직적 구조에 들어가 있는 각 부서들 사이에서도 수평적 대화를 가능하게 하는 구조가 필요하다. 이런 이유로, 1970년대의 FIC(Fonds d'Intervention Culturelle, 문화지원기금)에서 아이디어를 창조적으로 발전시켜서 각 지방에 지방문화기금을 창설할 필요가 있다. 이 기금들은 지방 행정부 인사들, 드라크DRAC, 기타 지방 인사들 사이의 협력을 통해 지방의 문화 개발계획을 수립하고 집행하는 데 도움과 자극을 줄 것이다.

D) 지역 상호성 존중 정책을 시행해야 한다. 지구 문화 개발계획은 경제 위기로 인해 지자체들 사이의 일자리 창출을 위한 경쟁이 심해지는 오늘날 모든 지자체들에게는 우

선 고려해야 할 당면과제가 되었다. 그런데 문화 투자는 현재의 지리적, 행정적 범위들 내에서는 수익성을 찾기가 쉽지 않다. 따라서 지자체들은 지리적, 행정적 한계를 넘어서서 활용 및 집중 범위를 확대해야만 한다. 지역 개발 계획 위원회들은 지방 FIC, 즉 문화지원기금의 세부 집행 계획들을 국가의 문화 지향점들에 맞춰 집행할 수 있어야 한다. 이 지방 문화지원기금이 실제로 조성된다면, 이 기금은 자극제 역할은 물론이고 조정자 역할도 할 수 있을 것이며 문화 개발 연구소 역할도 할 수 있다 나아가 프로젝트 기획, 집행 에이전시 역할과 함께 분쟁 조정자와 DRAC의 수직적 업무와 지방 문화 부서들 사이의 대화 창구 역할도 가능할 것이다.

E) 중복 재정을 축소해야 한다. 문화시설들이 도서관이나 박물관처럼 비교적 단순한 기능을 맡고 있다면 국가의 재정 지원은 통합할 필요가 있다. 이를 통해 중간에 개입하는 문화 파트너들의 수를 줄일 수 있고 지원금 수혜자의 결정을 존중할 수도 있다. 문화 결정권을 쥔 4자(者) 파트너들(예술가, 미디어, 제작자, 대중)이 참여하는 중복 지원은

사업이 복합적이거나 특별한 성격의 것일 때 한정되어야 한다. 좀 더 근본적인 방법으로는 문화적 역량을 갖춘 국가 공무원들을 지방에 파견해서 지방에 맞는 공동 법을 만드는 것도 생각해 볼 수 있다.

F) 저개발된 지역의 잠재성을 발굴해야 한다. 시골 지역이나 산골 지역의 경제적 생존은 보통은 이런 지역들의 관광 자원과 활동이 얼마나 개발되어 있는지에 따라 결정되곤 한다. 농업 보조금을 지원하고 관광 활동을 활성화하는 방법을 강구해야 할 것이다.

G) 교외 지역 문제가 여전히 미해결 상태로 남아있다. 현재 대략 2백 군데 정도의 시 외곽 지역이 문화적으로 볼 때 긴급한 상황에 처해 있다고 볼 수 있다. 우선 무엇보다 시 외곽 지역을 더 이상 변두리로 간주하지 말아야 하며 이 지역에도 그 지역 나름의 문화시설들이 갖춰져야 하는 중심지로 인정해 줘야 한다. 시 외곽 지역에 2천만 유로 정도를 투자하면 실제로 문화 활동을 할 수 있는 환경을 제공할 수 있다. 이런 식으로 계산을 해보면 일년에 4천만 유로씩 시

외곽 지역에 투자를 해서 향후 10년간 총 40억 유로를 투자한다면 문화 사각지대로 남아 있는 시 외곽 지대를 문화적으로 개발할 수 있다. 이 정도의 예산은 국가 문화 예산의 15%에 해당한다. 하지만 이를 통해 사회적 통합이 이루어질 수 있으며 이 예산 규모는 이런 사회적 통합을 얻기 위한 대가 치고는 그리 큰 돈이 아니다.

시외곽 지역만이 아니라 상대적으로 경제와 문화가 발전한 파리를 포함한 수도권 지역과 다른 나라와 국경을 이루는 지역이 아닌 여타 지역에 대한 특별 조치 같은 것도 필요하다.

지구 문화 개발 계획은 자발적인 행동을 전제로 한다. 30여 년 전에 도출된 제안이지만 아직도 본격적으로 연구는 고사하고 생각도 제대로 해보지 않았다. 물론 여러 가지 큰 노력들이 없었던 것은 아니다. 하지만 더욱 노력을 기울여 수정해 나가야 한다. 2010년대의 야심이 있다면 바로 이 지구 문화 개발 계획을 다듬어 활성화하는 것이다. 진정한 문화 정책이라면 이 지구 문화 개발 계획에 의미를 부여할 것이다. 1960년대와 1970년대를 거치며 문화부는 문화 민주화 등을 주장하며 문화만이 가질 수 있는 매력을 강조했다. 그러나 그러면서 동시에 착각들도 있었다. 2010년대의 문화 정책은 지리적, 사회적 불평등을 물리치기 위한 싸움의 수단으로서의 의미를 지니고 있으며 구체적인 방법을 문화 예술 교육에서 찾고 있다.

21세기의 문화 정책을 구체화할 필요가 있다. 문화 개발 계획은 도시별 정책을 통해 한 지역에 집중될 필요가 있다. 그러나 동시에 유럽 전체를 고려해야만 한다. 유럽이라는 차원이 고려 대상으로 들어온 것이다. 파리 인근의 지자체인 센 생드니 도의 PIB, 즉 국내 총생산이 아일랜드의 총생산과 비슷한데 이 사실은 문화적 함의를 갖고 있다.[8] 보스니아, 세르비아, 코소보의 예에서 보듯이 국적, 민족, 종교 문제를 해결하지 못하는 것도 문화적 이해를 필요로 하며 해결책도 문화에 있을지 모른다. 사회적 통합도 문화적인 문제다. 나아가 유럽이 아직도 대서양 건너편에 자리잡고 있는 강국인 미국의 무력과 이미지와 돈에 의지하지 않은 채 스스로 자신의 정체성을 확립하지 못

8 파리 북부의 센느 생드니 도département de la Seine-Saint-Denis는 160만 명이 사는 인구 밀집지역이다. 아일랜드는 인구 500만 명의 유럽회원국으로 영국 옆의 섬나라이다. 섬의 북쪽은 영국 영토로 북아일랜드로 불린다.(옮긴이)

하는 무능함도 문화적인 현상이다.

II. 문화 예술 교육에 우선권을

2007년 대선 당시에도 후보들은 문화 예술 교육에 우선권을 두겠다고 했었다. 5년 후인 2012년 다시 대선이 치러질 때도 후보들은 모두 이 우선권을 들고 나왔다. 하지만 실제로 구현되면서 큰 어려움들을 겪어야만 했다. 그런데 놀랍게도, 자크 랑이 내놓았던 5년 계획과 2000년에 카트린느 타스카가 제안한 계획은 각각 2년도 지나지 않아서 손에 잡히는 효과들을 거두었다.

전체 교육 예산 중에서 대략 10억 유로 정도가 문화 예술 교육 예산으로 할당되었고 이중 대부분의 금액은 새로운 장치들을 갖추는 데 투입되었다. 예를 들어, 학생들의 교실을 찾아간 예술가 한 사람을 중심으로 시작된 "문화 예술 프로젝트 교실Classe à Projets artistiques et culturels"이 전형적인 사례다(이 교실을 줄여서 PAC 클라스로 부른다).[9] 2년

9 파크 교실(Classe PAC, Projet artistique et culturel)은 문화 예술프로젝트 교실이라는 뜻이다.(옮긴이)

만에 무려 4만 개의 PAC 클라스가 개설되었다. 그리고 5년 안에 십만 개의 PAC 클라스를 열 수 있다는 것이 입증되었다. 이는 무엇을 말해주는가? 다름 아니라 한 학생이 초등학교 첫 학년인 준비반(CP)에서 시작해 고등학교의 마지막 졸업반인 테르미날(Terminal)까지 12년 가운데 4년의 시간을 중요한 문화 예술 교육을 받으며 보낸다는 것을 의미한다.

다른 조치들도 강구되었는데, 문화부의 지원을 받은 미술 실기를 배우는 아틀리에가 개설되었고 예술가들이 교사양성대학연구소에 입소할 수 있게 되었으며 교육기관과 문화 기관 사이에 파트너십이 체결되기도 했다.[10]

이 야심찬 정책은 국립교육자료센터(CNDP, Centre national de documentation pédagogique)[11]와 산하의 CRDP내

---

10 교사양성대학연구소(IUFM, instituts universitaires de formation des maîtres)는 지금은 사라진 기관인데, 일이급 교사와 교육위원 양성 기관이다. 현재는 많은 논란 끝에 교사교육고등교육원(les écoles supérieures du professorat et de ｌéducation, ESPE)로 바뀌었다.(옮긴이)

11 국립교육자료센터(CNDP, Centre national de documentation pédagogique)는 폐쇄되었고 대신 Canopé(Réseau de création et d'accompagnement pédagogiques, 교육창조동반망)가 세워졌다. CRDP(centre régional de documentation pédagogique), Scérén(Services, culture, éditions, ressources pour l'Éducation nationale), CDDP(centres départementaux de documentation pédagogique)는 모두 교육부와 지

SCERN과 CDDP 등의 자료들에 의거해 시행되었다. 이 정책에는 전례가 없는 노력을 기울였으며 특히 시청각과 디지털 분야에 많은 투자와 노력이 집중되었다. 영화 교육용 DVD가 수십 개씩 양산되었으며 교육용 인터넷 사이트들이 만들어져 교사 커뮤니티들에게 교육적인 문화 예술 자료들을 접할 수 있게 해주었다. 이 사이트들은 CRDP에 의해 설치되었다. 대학구(아카데미) 본부와 지방 단위의 교육구에서는 감독을 철저히 하기도 했다.

교사와 교육에 참여하게 된 예술가들을 위한 공동 교육 작업이 10여 개에 달하는 국가자원중심(Pôle national de ressources)을 축으로 해서 진행되었다. 5년 동안 진행된 이 정책은 학생들을 비롯해 교사들과 학부모들로부터 큰 지지를 받았다. 이성을 중심으로 하는 지성과 감성을 중심으로 하는 지성을 동등하게 함께 계발하는 것이었고 나아가 자크 랑이 말한 대로, 학생들에게 자신의 관심 영역 이외의 다른 영역에도 관심을 갖도록 하는 기회를 제공했고, 사회적, 지리적, 문화적 소외와 차별에 맞서 싸우는 힘을 형성하도록 해주었다.

방과 도 단위 교육 자료 센터들이다.(옮긴이)

그러나 이 정책은 2002–2003년에 뤽 페리Luc Ferry에 의해 중단되었다. 2004년 문화부 장관에 취임한 프랑수아 피용François Fillon은 이 정책을 다시 시작하려고 했으나 망설이지 않을 수 없었다. 니콜라 사르코지가 대통령이 되고 나서부터 다시 이 정책이 재개될 수 있었다. 그러나 시행 방법들은 8년 전에 의존했던 방법들이 아니었다. 지나치게 앞서 나가기도 했고 또 뒤로 물러서기도 하는 행보가 반복되었다. 종종 이해할 수 없는 상황들이 표출되었는데 이런 상황들은 때로는 교육부 장관에게서 나왔고 그러면 문화부 장관은 주도권을 빼앗기지 않으려고 했다. 하지만 전체적으로 보면 이 정책은 문화부와 문화부가 모토로 삼고 있는 문화 민주화 정책을 위해서는 바람직스러운 것이다.

참고문헌

Abirached Robert, *Le théâtre et le prince*, 1981-1991, Paris, Plon, 1992.

Barbier-Bouvet Jean-François, *La culture du chiffre*, in *Trente ans d'études au service de la vie culturelle*, Paris, La Documentation française, 1993.

Baudrillard Jean, *Le complot de l'art*, Sens et Tonka, 2005.

Bourdieu Pierre et Passeron Jean-Claude, *Les Héritiers*, Paris, Éditions de Minuit, 1964.

Cabanne Pierre, *Le pouvoir culturel sous la Vᵉ République*, Paris, Olivier Orban, 1982.

Chiffres clés 2011, *Statistiques de la culture — DEPS, Chantal Lacroix*, Paris, La Documentation française, 2011.

CIR, *Profession manager : guide du manager en carrière artistique*, Paris, CIR, 1990.

Comité d'histoire du ministère de la culture, *Les affaires culturelles au temps d'André Malraux*, Paris, La Documentation française, 1996.

— *Éléments d'histoire administrative, ministère de la Culture, 1959-1996*, Paris, La Documentation française, 1997.

Comité d'histoire du ministère de la Culture, Anne Veil et Noémi Duchemin, *Maurice Fleuret : une politique démocratique de la musique*, 2000.

Cour des comptes, *Les musées nationaux après une décennie de transformations*, mars 2011.

Culture prospective, pratiques et publics, *Approches générationnelles des pratiques culturelles et médiatiques*, 2007(téléchargeable sur le site www.culture.gouv.fr/deps).

Donnat Olivier, *Regards croisés sur les pratiques culturelles des Français*, Paris, La Documentation française, coll. «Questions de culture», avril 2003.

Duhamel Jacques, *Discours et écrits*, Paris, La Documentation française, 1993.

Forum d'Avignon, Actes du colloque, *Les stratégies culturelles pour un nouveau monde*, 2009.

Fumaroli Marc, *L'état culturel*, Paris, De Fallois, 1991.

Genet-Delacroix Marie-Claude, *Art et État sous la IIIe République*, Paris, Publications de la Sorbonne, 1992.

Girard Augustin, «Pourquoi des recherches?» in *Trente ans d'études au service de la vie culturelle*, Paris, La Documentation française, 1993.

Girard René, *La violence et le sacré*, Paris, Grasset, 1972; *Des Choses cachées depuis la fondation de monde*, Paris, Grasset, 1978.

Latarjet Bernard(avec René Rizardo, Claude Mollard...), *L'aménagement culturel du territoire*, Paris, La Documentation française, 1991.

Laurent Jeanne, *Arts et pouvoirs en France de 1793 à 1981*, Saint-Étienne, Université de Saint-Étienne, 1981.

Le prix unique du livre, la loi Lang, 1981-2006, documents, IMEC éditeur, 2006.

L'état et la création artistique. Regard sur l'actualité, Paris, La Documentation française, juin 2006 (Emmanuel Wallon, Guy Saez, Françoise Benhamou, Jean-Paul Fourmentraux, Claude Mollard).

Ministère de la Culture et de la Communication, *Culture et médias 2030, prospective de politiques culturelles*, DEPS, 2010.

Mollard Claude, *Le mythe de Babel*, Paris, Grasset, 1984.

— *Concevoir un équipement culturel*, Paris, Moniteur, 1992.

— *Le cinquième pouvoir. La culture de Malraux à Lang*, Paris, Armand Colin, 1999.

Moulin Raymonde, *L'artiste, l'institution et le marché*, Paris, Flammarion, 1992.

Note statistique du DEPS, *Les dépenses culturelles des collectivités locales en 2002.*

Riguad Jacques, *L'exception culturelle*, Paris, Grasset, 1995.

Rioux Jean-Pierre et al., *L'État et la culture*, Paris, De Fallois, 1991.

Saint-Pulgent Maryvonne de, *Le gouvernement de la culture*, Paris, Gallimard, 1999.

Schneider Michel, *La comédie de la culture*, Paris, Le Seuil, 1993.

Urfalino Philippe, *L'invention de la politique culturelle*, Paris, La Documentation française, 1996.

www.culture.gouv.fr
www.insee.fr
www.dgcl.interieur.gouv.fr
www.senat.fr
www.observatoire-immateriel.com
www.ambafrance-cn.org

역자 후기

《문화공학》이라는 간단한 제목을 달고 있는 이 책은 클로드 몰라르(Claude Mollard, 1941년 출생)의 책 *L'ingénierie culturelle et l'évaluation des politiques culturelles en France*(문화 공학과 프랑스 문화 정책들에 대한 평가)라는 긴 제목의 원서를 번역한 것이다. 원서는 프랑스의 유명한 백과사전식 총서인 크세주(Que-sais-je?, 나는 무엇을 알고 있는가?)판으로 1994년에 출간되었으며, 번역에는 2015년 판을 사용했다.

저자 클로드 몰라르는 프랑스의 유명한 그랑 제콜인 국립행정학교(ENA)를 나와 공공 기금을 감사하는 회계감사원 등 프랑스 정부의 각 부처 및 산하 기관에서 문화 예술 예산 편성과 재정 집행을 담당한 문화 예술 행정 전문가이다. 미테랑 정부의 출범 이전부터 사회주의 이념을 따르는 행보를 보여주었으며 미테랑 정부에서도 사회당의 문화 예술 및 교육 관련 부처에서 정책 입안과 재정 집행을 설계하는데 깊이 관여했다. 가장 중요한 업적은 드골 장군 이후 대통령을 지낸 조르주 퐁피두 정부에서 퐁피두 문화 예술 센터를 건립할 당시, 30대의 젊은 나이에 건립 계획 전반을 총괄 지휘한 일을 꼽을 수 있다.

1977년에 개원한 퐁피두센터는 공장 건물 같은 외관으로 유명하지만, 단순한 현대미술관이나 문화센터가 아니라 이전과는 전혀 다른 새로운 문화 예술 개념을 선보이며 현대 사회의 문화 예술 정책은 물론이고 이를 통해 현대 문화의 개념에 대해서도 새로운 모델을 제공한 곳이다. 문학, 미술, 음악, 디자인, 언론, 영화 등 문화 예술의 여러 분야들이 한 곳에서 공존하는 곳이기도 하지만, 이런 분야와 장르 간의 융합을 지향한 것 못지않게 국가 주도의 하향식 문화 예술 행정도 뜯어고친 획기적인 시도였다. 이런 점에서도, 인터넷 시대를 벗어나 5G 시대에 들어서며 초연결 사회를 향해 나아가고있는 오늘날에도 1977년 문을 연 퐁피두센터가 지향했던 정신과 행정 개혁은 여전히 유효하다고 할 수 있다. 공장건물 같은 외관이 빛을 발하는 것은 이 때다. 다시 말해 건립 당시 많은 논란을 불러일으켰던 공장 같은 외관은 퐁피두센터가 옛날 유물이나 작품을 소장하는 곳이 아니라 현재 진행 중인 문화를 생산하는 곳이라는 메시지 그 자체인 것이다.

이 책은 엔지니어링, 즉 문화 예술과는 어울리지 않는 공학(工學)이라는 단어를 제목에 달고 있다. 문화 공학을 정의하기 전에 우리는 먼저 이 책에서 사용한 공학이라는 말이 지금부터 25년 전인 1994년에 처음 사용되었다는 사실에 주목할 필요가 있다. 이미 오래 전에 문화 예술 행정 분야에 몸 담아왔던 저자는 1994년 이전부터 문화 예술의 본질이 측정 불가능한 감성적 성격을 지니고 있지만 그럼에도 사회적으로 역사적으로 일정한 규칙성을 갖고 있고 따라서 과학적, 공학적 접근이 필요한 영역임을 깊이 인식한 것이다.

이런 인식은 문화 예술을 구성하는 여러 분야와 각 분야를 움직이는 힘들을 치밀하게 분석할 것을 요구했다. 문화 예술의 분야들과 각 분야를 움직이는 힘들은 정치, 경제적 환경은 물론이고 과학적, 산업적 변화에도 가장 민감하게 반응하는 특징을 보여준다. 이를 오늘날의 환경에 적용하면 블랙리스트와 그에 대한 저항도 이런 정치 경제적 환경들 중 하나이며 과학적, 산업적 변화를 꼽자면 AR, VR 등도 언급할 수 있다.

공학이라는 단어는 문화 예술 역시 메카니컬한 속성을 갖고 있으며 새로운 재료가 발견되고 공법이 나오듯이 문화 예술에서도 같은 현상이 일어나며 이 현상들은 관찰, 분석이 가능하다는 전제를 갖고 있다. 과학기술적 공학과 문화 공학 사이의 이런 유비적 상사성은 열이나 압력 혹은 구조 변형과 비유할 수 있는 요소들을 문화 예술에도 적용하도록 유도한다. 오늘날 운위되고 있는 빅 데이터가 나오기 이전에 저자는 이미 과학적, 공학적 관점에서 문화 예술을 보아야 한다고 인식을 한 것이다. 현장 경험에서 우러나온 것이기에 저자의 이런 주장은 단순한 설득력 이상의 의미를 지닌다.

공학과 마찬가지로 문화 공학에도 정확한 데이터와 정보는 필수적이다. 문화 예술 정책은 관련 통계에 기반하여 집행되어야 하며 예산도 통계에 기반해서 산출되어야 한다. 그러나 진정한 통계는 각 분야별로 독립된 통계

수치가 아니라, 본문에도 나오지만, 예를 들어 프랑스의 1978년과 2008년의 신문 구독률 차이를 인터넷 및 TV 시청률과 연계시켜 대중들이 문화 예술에 할애하는 시간을 확인할 때만 의미를 지니게 된다. 이를 전국의 지방, 도, 시 단위의 도서관 운영 실태를 조사한 통계와 연계시켜 독서 운동에 활용한 결과, 책만 가져다 놓는 장소에서 미술 작품도 전시를 하는 곳으로 도서관과 문화센터의 전반적인 변화가 일어나는데 이는 1980년대 초에 일어난 지방 분권화에서 파리의 퐁피두센터라는 모델이 지방 정부에 영향을 미친 결과였다.

또한 통계에 기반해서 조사를 한 결과 무엇보다 중앙정부가 모든 예산을 홀로 짜고 집행하려고 해서는 안된다는 것이 드러났다. 문화 예술의 핵심적 정신인 지방 정부의 자율적 참여는 예산 배정과 집행 과정에서 각 지역의 의견과 풍토를 존중하는 것이기도 하다. 예산의 경우도 중앙과 지방이 분담해야 하며 아이디어도 분담해야 한다. 지방과 중앙의 문화 예술 행정가들은 문화 예술을 부차적인 것으로 여기거나 혹은 자신을 홍보하는 도구로만 생각하는 정치가들을 향한 분노와 증오도 나누어 가질 수 있다.

이는 각종 선거에서 표로 이어질 것이다.

저자는 공학이라는 개념을 문화 예술에 적용하면서 강베타, 말로, 랑 등 20세기 후반 반세기 동안 프랑스 문화 예술 행정을 담당했던 유명 장관들을 연대기적으로 살피며 잘잘못을 추적하고 있다. 이 추적 작업을 통해 저자는 왜 문화 예술에 공학이라는 개념이 필요한 지를 주장하며 위정자와 장관이 갖고 있는 문화 예술 개념은 그들의 정치적 신념과 불가분의 것임을 확인하고 있다. 천박함은 독재의 다른 이름일 수 있으며 깊이 없는 이들은 항상 같이 몰려다니기 마련이다. 박근혜는 외국을 나갈 때마다 박물관을 들렀고 언론은 매번 대서특필해주었다. 파리 오르세도 가고, 심지어 "세상의 모든 돈"이라는 무시무시한 재벌 영화로 유명한 게티 미술관에서는 보좌관들과 문화 산업 회의까지 여는 '쇼'도 연출했다. 그러나 우리는 이 모든 것이 무엇이었는지 잘 알고 있다.

이 책은 문화 예술이 문화 산업으로 변신을 한 오늘날 한국에서도 참고할 만한 내용을 담고 있다. 경영학에도 이른바 할리우드 경영학이라고 불리는 문화 산업 경영학이 있다. 하지만 아직 한국은 이 분야에 대한 연구가 미진한 것 같다. 한국은 아직도 3차 산업, 그 중에서도 문화 산업의 비중이 선진국들에 비해 많이 뒤쳐진다. 프랑스가 78%인 반면 한국 산업 구조에서 서비스 산업의 비중은 채 50%가 안 된다. 지식산업, 혹은 콘텐츠 산업이 한류 열풍에도 불구하고 아직 산업화 단계에 진입하지 못한 것이다. 자세한 진단이 뒤따라야 하겠지만, 원인들 중 하나로 문화를 공학적 관점에서 좀 더 심도 있고 체계적으로 연구하는 분위기가 부재하기 때문이다. 문화 예술을 학제 간 관점에서 행하는 연구가 이루어지지 않고 있으며 연구를 위한 인력과 풍토도 아직 미비한 상태에 있다. 관광에서부터 박물관까지, 요리에서 무용까지, 영화에서 광고, 게임, 출판까지 장르별, 분야별 연구가 이루어져야 할 것이고 이 분야별 연구가 다시 모여 상호 관련성을 연구할 수 있어야 할 것이다.

프랑스 루브르 박물관 안에 광고 박물관이 있으며, 의상 박물관도 자리잡고 있다. 의상 박물관은 이 책의 저자 몰라르가 설립한 박물관이다. 이 모두를 아우르는 장식 박물관이 루브르와 같은 건물에 입주해 있는 것이다. 위치 자체가 많은 것을 말해 준다. 최근에 루브르는 영국으로 들어가는 길목에 자리잡고 있는 랑스Lens라는 북부 도시에 루브르 분관을 개관했고 이어 중동의 아부다비 구겐하임 박물관 옆에 루브르 아부다비를 개관했다. 이제 박물관, 미술관은 체인점 시대를 맞이한 것이다. 퐁피두센터도 분점을 내기 시작했다. 빌바오 구겐하임은 철강과 조선 산업을 울산에 빼앗긴 빌바오가 절치부심 마련한 대안으로 빌바오만이 아니라 바스크 지방 경제에 새로운 활력을 불어 넣었다. 이를 빌바오 효과로 부르기도 한다. 현대미술관을 과천 산속, 경마장과 어린이 대공원 옆에 처박아 둔 지난날 한국의 문화 정책과 많이 대비되는 현상이 아닐 수 없다.

문화공학

초판 1쇄 2019년 2월 28일
초판 2쇄 2019년 12월 10일

지은이 클로드 몰라르
옮긴이 정장진
펴낸곳 고려대학교출판문화원
www.kupress.com
kupress@korea.ac.kr
(02841) 서울특별시 성북구 안암로 145
Tel 02-3290-4230, 4232
Fax 02-923-6311
찍은곳 한국컴퓨터인쇄정보

ISBN 978-89-7641-990-3 93300

값 14,000원